はじめに

「志の第一歩は、人生のテーマを持つことだ」と教えていただいたのは、伝記作家の小島直記先生。初めてその言葉を知ったとき、私は、深く考え込んだ。自分にとって人生のテーマとは、いったい何だろうかと。

仕事のテーマは、次々に浮かんできた。当時、私は、松下政経塾の塾頭の立場にあった。塾の運営、塾生の教育など、頭の中には次々に自分が抱えている課題が思い浮かんだ。どれも切実で、私の頭の中はその解決のことであふれるばかりだった。どれも、全身全霊を傾けなければ打開できない難題である。

しかし、そのすべての課題は、私が松下政経塾を離れた瞬間、私から離れることに気がついた。仕事のテーマは、人生のテーマではない。仕事のテーマは、立場とともに変わり、消えていく。それに対して人生のテーマは、生涯を通じて追い求めるものであるから、この世を去る日まで私から離れることはない。

私は、愕然《がくぜん》とした。「仕事のテーマはあっても、人生のテーマなし」。これでは定年を迎えたら、テーマなき人生が待ち受けているだけだ。まさに、老後は〝もぬけの殻〟だ。改めて、人生のテーマを真剣に求めはじめたのは、小島直記先生の一言がきっかけであった。

松下政経塾での勤務は十四年に及んだ。五十四歳のときに、「松下電器の本社に帰るように」との転勤命令が下った。サラリーマンにとって、転勤は至上命令、そむくことができない。私は、人生の岐路に立った。志の人生をめざす上では、大きな試練であった。サラリーマンを続けている限り、いつも仕事のテーマに追われるばかりだ。とうとう最後に、松下政経塾で求めてきた仕事のテーマを、人生のテーマにしようと心に決めた。それは一大決心であった。五十四歳で、松下電器を退職して、人生のテーマに生きることにしたのである。

私の人生のテーマは、「次代を担う青年を育てること」である。さらに言えば、「この日本に、志の高い青年を一人でも増やしていくこと」だ。私が手塩にかけて育てることができる青年の数は、限られている。しかし、二十年、三十年後に、「数はそれほど多くないけれども、『松下政経塾』や『青年塾』を巣立った人たちが、日本の救いとなった」と評価される日が来たら、私の人生のテーマは、成就したことになる。もちろん、成就した姿を私が見ることはできない。また、見える程度のものであれば、さしたる価値もない。

私が青年たちを育てる上で一番重きを置いているのは、「人間教育」だ。急激に変化する時代に対応できる知識や技術を若い人たちに求める時代にあって、「人間教育」をしていたのでは、間に合わないとの批判も聞こえてくる。即戦力を必要とする時代に、「人間の価値を高める教育」は、いかにも遠回りのように見えるのだろう。

しかし、私は、「人間としての根っこが貧弱であったり、腐っていたのでは、いかなる知識や技術も生きてこない」と確信している。どんなに遠回りに見えても、我慢して、人間の根っこ、すなわち人間力を高める教育を進めなければ、日本の未来はない。

私は、即戦力を育てることを、毛頭考えていない。また、即戦力を育てる教育機関は、はいて捨てるほどある。私はひたすら、「長持ちする人を育てる」ことを願っている。それでは、〝長持ちする人〟とは、どんな人をさして言うのだろうか。「あの人の知識や技術はもう古くて使いものにならない。しかし、あの優れた人間性、立派な人格は捨て難いものだ」と言われる人だ。

『青年塾』は、創設以来、今年で九年目。すでに七百人を越える人が、門を叩いてくれた。現地、現場で、体験を通じて学ぶ「知恵の教育」が、『青年塾』の学びの基本である。そして、高邁なる精神を養うことを理想としている。「周りを良くしようと努力すれば、結局、自分が良くなる」ことを信じて、若い人たちの人間教育に取り組んできた。

そのために、机に向かい、講師の話を聞くような形の〝受身の教育〟はほとんどしないことにしている。自らの主体的な意思で、自ら、何かを〝摑み取る教育〟をめざしている。創設して間もなく十年の節目を迎える。松下政経塾での十四年を加えると、ほぼ四半世紀が経つ。新しい時代の人の育て方に対する提案の思いも込めて、つたない経験をまとめてみた。それがこの本が生まれたきっかけである。

幸い、致知出版社の社長である藤尾秀昭さんと編集部長である柳澤まり子さんが、私の思いを受けて、ここに一冊の本としてまとめてくださった。編集に際しては、書籍編集部の大越昌宏さんの労をわずらわせた。心から感謝するとともに、これを機に、さらに自らの志に生きることを肝に銘じたい。

平成十七年五月

上甲　晃

志を教える◉目次

はじめに　1

第一章　志なきところに繁栄なし／松下幸之助の志

いよいよ志の時代がはじまった　12
陽から陰へ進むこれからの六十年　15
野望を志へとレベルアップする　19
「百年の計を持った政治家が欲しいんや」　22
世界の繁栄の中心はアジアにやってくる　25
鍵を握るのは政治の変化　29
考え抜く人・松下幸之助　33

使命に目覚めた瞬間　39

第二章　戦後日本人が失った三つのこと／私の志

志の三条件――テーマ・原理原則・言行一致　44
青年塾をつくった私の志　53
これからの年寄りに足りない三つのもの　60
欠けているものを取り戻す　68
精神の立て直しこそ緊急の課題　78

第三章　「主人公意識」を育てる／青年塾の教育（1）

「不便、不自由、不親切」の教育　84

与えられないから感動が生まれる　88
万事研修――求めれば、出会う　96
人生の主人公は自分という「主人公意識」を持つ　99
サラリーマンでも意識は社長のつもりで　103

第四章　人間力を高める／青年塾の教育（2）

自分の仕事を好きになる努力をする　108
仕事は手段であり目的ではない　112
天職とは創り上げていくもの　115
何よりも信用を大切にしなくてはいけない　119
信用こそが人間力の根本　123
汗を流して知恵を摑む　134

鶏の解体で学んだ「いただきます」の真意 139
心の豊かさを教えられたホームステイ体験 145
理屈ではないところに答えがある 149

第五章 誇りある生き方とは何か／使命感を育てる

生きるモデルを歴史に見つける 162
歴史教育は人間の視野を広げる 166
自己変革こそすべての改革の原点である 169
良い継続は良い体質をつくる 172
継続は気づく力を生む 176
人が嫌うことを進んで引き受けられるか 179
日常生活こそ最高の教育の場 182

幸せとは便利なことではない　186
この世の中に無駄な人は一人もいない　188
子孫のために何を残せるか　193

資料　『青年塾』のこれまでの歩み

《志ネットワーク》から生まれた『青年塾』　202
『青年塾』がめざすものは何か？　209
『青年塾』ではどんな学びをするのか？　222
食事作りと掃除研修の進め方　234

装幀――村橋雅之

第一章

志なきところに繁栄なし

――松下幸之助の志

☆いよいよ志の時代がはじまった

私が松下電器を辞めて独立してから間もなく十年の節目を迎えます。この節目のときに、一つ自分なりに区切りをつけたいとの気持ちから、この十年間を通じて考えてきたこと、実践してきたことをお話ししてみたいと思います。

私には松下幸之助が平成元年に亡くなってからずっと考え続けてきたことがあります。それは「故人の求めたるを求める。それが本当の意味での志の継承ではないか」ということです。これは松下幸之助の座った椅子だ、これは松下幸之助が着ていた服だ、というように形を追うのではない。松下幸之助が求めたるを求め続ける、それが大事である。そして、これが私の志なのではないかと思っております。

ですから、私の主宰する青年塾で今やっていることも、すべての原点は松下幸之助が語った言葉からスタートしています。青年塾は松下政経塾と組織的にはまったく関係ありません。しかし、求めている志や、学んでいる内容は、松下幸之助が求めたるを求めています。その意味で、私にとって松下政経塾と青年塾は一直線上にあるとご理解いただいて構いません。

今、「志」といいましたが、ほんのしばらく前まで、志という言葉は〝死語〟扱いされていました。特にバブルのころは、私が「志」と口にすると二言めにはこういわれました。「志では飯が食えん」。志なんてもうこの日本では死んでしまった言葉なのだというわけです。けれども私は、これからの日本にとってこそ志が必要なのだといいました。

大事なのは利益共有体ではなく、志を共有する人間のつながりである。志の共有によって絆を結ぶことが何よりも大事である。そう考えて、私は〝志ネットワーク〟を立ち上げ、志の絆を結ぶための活動をはじめたのです。

この十年間で世の中が変わってきたなと思うのは、「志の話を聞きたい」というリクエストが増えてきたことです。昔は相手にしてもらえなかった志が、最近なぜか注目されるようになりました。それも特に金融機関からの依頼が多いのです。去年の年末には、りそな銀行の東京・大阪両方の本店で全国の支店長を前にお話ししました。最初にりそな会長の細谷英二さんが三十分話されて、私がその後一時間半話しました。その前は三井住友銀行で、同じように全国の支店長の前で志の話をしました。どちらの銀行でも、熱心に私の話を聞いてくださいました。銀行も変わったなというのが率直な感想です。と同時に、「ああ、そうだな、新しい時代に少しずつみんなの気持ちが向かいはじめたのだな」と、皮膚感覚で感じたものです。

ついこの間までは、新しい時代を見通すどころではなかったのでしょう。後ろ向きの処理に追われて、とても先のことを考える余裕がなかった。それがようやく全体の整理が進み、いよいよ前を向いて進んでいこうという気持ちになったとき、小手先の方法だけでは新しい出発はできないと考えた。もう一回、一番根本にある「何のために生きているんだろう」「何のために会社をつくったんだろう」「何のために働くんだろう」という部分に立ち返る必要がある。そうしないと本当の意味のスタートができないとお気づきになったのではないかと思うのです。

こういう動きを見ていると、いささか我田引水かもしれませんが、いよいよ志の時代がはじまったなと感じます。そしてこれからは絶対に志の時代になってくる。そう確信しております。

そこで最初に、志ということについてお話ししてみようと思うのです。

☆陽から陰へ進むこれからの六十年

今年は日本が昭和二十年に戦争に負けてからちょうど六十年、人間でいえば還暦にあたる年です。あらためて一からスタートを切るという意味では、この還暦というのは絶好の機会であると私はとらえています。

過去の六十年とこれからの六十年間ではまったく様相が変わるでしょう。これからの六十年は、過去の六十年間を完全に裏返したような時代になるのではないかと私は予想しています。それほど劇的に時代が変化するような気がしてならないのです。陰陽でいうならば、陽の時代から陰の時代に入っていく感じです。

しかし「陰の時代」といっても、それは「悪い時代」という意味ではありません。要するに、華やかな枝葉がもてはやされた時代から、地味だけれど決して欠かせない根本に立ち返る時代になるのではないかと思うのです。そういう点で、過去六十年とこれから六十年は完全に様相が変わる。見方によっては、過去六十年間を裏返したような時代がはじまると考えてもいいのではないかと思うのです。

少し具体的に考えてみましょう。

過去六十年間、日本では人口は増えるものと考えられていました。しかし、これからは人口は減るものと考えなくてはならない。まったく正反対です。同様に、マーケットとは拡大するものだったのが、これからは縮んでいく。これだけでも大変な違いです。マーケットが縮めば商売の仕方がおのずと変わってきます。今までと同じ考え方でやっても空回りするばかりで、会社がおかしくなってしまいます。

あるいは福祉にしても、過去六十年間は年々充実してきました。けれどもこれからは、福祉はどんどん切り捨てられるものになります。福祉に限らず、これからは公共投資で新しいものをつくる時代ではなくて、今までにつくった公共施設をどう潰していくかを考える時代になるでしょう。

事実、学校の校舎一つとっても余りはじめています。これをどう解体するかを考えなくてはならない。それがこれからの時代のテーマです。そのためには、今までのように新しいものをつくっていく技術ではなくて、すでにあるものを壊していく技術が問われるようになるはずです。

かくのごとく、すべての面において正反対の方向に進むという点で、これからの六十年は過去六十年と大きく変わっていくことでしょう。特に経済的には大変厳しい時代になる。十年後にはおそらくこんな会話を交わしているのではないでしょうか。

「まだ二〇〇五年ぐらいはよかったよな。あのころは消費税だって五パーセントだったからね。今はなんと、一五パーセントだ」

「当時は年金だけで食えた。今はもう年金では食えないよね」

現在の財政状況から考えて、この会話が現実になるのは自然の流れだと思います。

このように経済的には間違いなく厳しくなりますが、逆に、日本人の精神にとってはいい時代になるのではないかと期待しています。人間というものは、経済的に豊かな時代には精神を疎《おろそ》かにしがちです。けれども経済的に厳しくなってくると、気持ちがグッと引き締まってくる。いかに生きるべきか。何が大事なのか。こういうテーマが重要性を帯びてきます。したがって、精神的には大変充実したいい時代になってくるのではないかと思うのです。

時代の様相が変わるとともに、物事の見方や考え方が変わっていく。今はその潮目の時期にあるのです。だからこそ、もう一回原点に立ち返って、一人ひとりの日本人が「いかに生きるべきか」という志を自らに問い直さなくてはならない。その意味で、まさに日本は還暦を迎えたといっていいと思うのです。

☆野望を志へとレベルアップする

志について説明するために、まず野心と志という二つの言葉を対比して考えてみます。

野心、野望と志はどこが違うのか。私は、野心、野望とはおのれの利益を大きくする心だと考えています。金儲けをしたい、有名になりたい、地位、立場が欲しい——これらはすべて自分の利益を大きくしようとする気持ち、つまり、野心、野望なのです。それに対して志とは、みんなの利益を大きくしたいという気持ちです。

そう考えると、過去六十年間、日本人は野心、野望の時代を生きてきたといえるように思えます。言い方をかえれば、敗戦後の日本人は貧しさの中から出発したということなのです。

私は野心、野望が必ずしも悪いものだとは思いません。それも一つの大きなエネルギーの源です。いい学校に入って、いい会社に入って、金儲けがしたい。おいしいものも食べたいし、車や電器製品も買いたいし、自分の家も欲しい。海外旅行にも行きたいな……この一念でやってきたのが、戦後六十年の日本人ではなかったかと思います。私もその中の一人です。これは野心、野望のレベルの生き方といっていいでしょう。

ところが、今日そうした野心、野望もおおよそ遂げることができた。もう食べるものも食べたし、行きたいところにも行った。そろそろフランス料理にも飽きてきたし、たまにはお茶漬けも食べたいなという感じです。つまり、あれも欲しいこれも欲しいという時代から、どれを捨てていくかを考える時代になってきた。野心、野望は小休止の段階に入り、自分の志について考えるべきときがきているのです。

それでは志とは何か。繰り返しになりますが、志とは自分だけの利益を追い求める野望・野心を超えて、みんなの利益を追い求める心です。それは、新しい贅沢の時代のはじまりという言い方ができるのではないかと私は思っています。

多くの日本人の心の底には、自分だけが腹一杯食べて贅沢するというレベルでは終わりたくないという思いがある。日本をよくしたい、地球をよくしたい、子や孫や曾孫のためによい世界をつくって残してやりたいというまことに贅沢な思いを持っている。それらはすべて野心、野望のレベルではなく、大きな志のレベルであります。それが次の六十年に問われるのではないか、私はそう考えています。

☆「百年の計を持った政治家が欲しいんや」

そこでまずはじめに、松下幸之助に見る志というテーマでお話をしてみたいのです。

あるとき私は松下幸之助に、「なぜ松下政経塾をつくったのですか?」「松下政経塾でどのような政治家を育てたいのですか?」と尋ねたことがあります。松下政経塾の塾頭を仰せつかった私にとって、これはどうしても聞いておかなければならないことであったからです。そのとき松下幸之助はなんと答えたか?

「衆議院議員が二十人は欲しいな」などとは絶対にいいません。そういうレベルで考えている間は俗物のそしりを免れない。さすがに松下幸之助という人は俗物ではありませんでした。こう答えたのです。

「一人でいい、本物の政治家が欲しいんや」

そこで私はさらに聞きました。「本物の政治家ってどんな人ですか？」と。どんな政治家を育てたいのか、つまり、今の日本にどういう政治家が足りないと考えているのか。これもどうしても聞いておかなくてはならない。松下幸之助が亡くなったあとに、松下幸之助の願ったことと私のやっていることが食い違っては困る。そう思って、あえて聞いてみたのです。ところが、答えはたった一言でした。

「新しい人間観に立つ、国家百年の計を持った政治家が欲しいんや」

百年かけてこんな日本を創ろうという思い、すなわち志を持った政治家を自分は育てたい。それが答えでした。

国家百年の計を持った政治家が、今どれほどおりますか？　百年後の子孫のためにいい日本を残しましょうと訴えかける人は、本当に少ない。小泉首相も「改革の痛みに耐えてください」とはいっても、耐えたあとにどんな日本を創るのかというビジョンは語ってくれません。ガンでも、治ると思うから痛みに耐えられるのです。痛いまま死んでしまうとしたら、耐えられるわけがない。だからこそ「こんな日本を創りましょう」という百年の大計を持った政治家が必要だ。それが松下幸之助の一番の思いでした。

それは単に政治家だけの問題ではありません。残念ながら、今の日本で「百年かけてこんな日本を創りましょう」と必死になって訴えかけても選挙には通りません。通らないどころか、必ずといっていいほど落選してしまう。「そんな先のことはどうでもいい」と選挙民はいうのです。「今をどうするかが問題だ」「あとの人のことなんて私には関係ない」というレベルでしか政治を見ていない。それが大半の国民の意識ですから、百年後のことをいうと選挙には通らない。これが松下幸之助の望んだ本物の政治家がなかなか出てこない大きな理由です。

まさにその意味において、私は、今最も問われているのは日本人全体の志なのではないかと思うのです。

☆世界の繁栄の中心はアジアにやってくる

松下幸之助の発言の中で大変印象的だったのは、「日本はこれから大繁栄の時代に入るんや」ということを繰り返し言い続けていたことです。二十一世紀に日本は世界の繁栄のど真ん中に立つ。それが大きな歴史の巡り合わせである。だから日本人は、その歴史の巡り合わせを信じて生きていかなければならない、というのが松下幸之助の終始一貫した考えでした。

しかし、今果してどれだけの日本人が「二十一世紀にわれわれは世界の繁栄の中心に立つんだ」という確信を持っているでしょうか。繁栄の中心どころか、ほとんどの日本人は「これから大変なことになるぞ」と不安を感じ、いささか浮足立っているように見えます。

私も最初にその話を聞いたときは、何を根拠に松下幸之助はそんな考えを持つようになったのだろうかと疑問に思いました。そこで、「何か裏付けでもあるんですか?」と聞いてみました。すると松下幸之助はあっさりといいました。

「ない」

続けてこういいました。

「カンや」

私が「カンや」というと、みんな「ああ、アカンな」と思いますけれど、松下幸之助がいうとなんとなく当たりそうな気がします。ただ、このときは「カンや」で終わりにするのではなく、こういう言い方をしました。

「世界の繁栄の中心地をずっと振り返ってみると、どういうわけか、この地球の上を東から西へ順番に移動してきてるんや」

　昔はあっちが繁栄したから今度はこっちだ、というような無秩序な姿ではないというのです。そういわれると確かに、世界の繁栄の中心はこの地球の上をどういうわけか東から西へと順番に移ってきています。エジプトにはじまり、ギリシャが繁栄したあとでローマへ移り、ローマのあとはヨーロッパの中央部へと西に移っている。その次に大英帝国へ行き、二十世紀に大西洋を渡ってアメリカに繁栄の中心がやってきた。

　では二十一世紀に世界の繁栄の中心はどこへ行くだろうか。歴史上初めてUターンして、ヨーロッパに戻っていくのだろうか。

　松下幸之助は、「それは絶対あり得ない。必ず世界の繁栄の中心は、また西へ移動する」というわけです。私も今はそう思っています。それはたとえば、ヨーロッパの人と中国の人の目の違いを見ればわかります。

　ヨーロッパに行くと一番感じるのは、人々の目の穏やかさです。基本的にヨーロッパの人は「まあのんびりいこうか」と思っているようです。それも大事な生き方かもしれません。

でも、中国に行くと、みんな目がつり上がってギラギラしている。もちろん人種的な特徴もありますが、この目の力の強弱の違いは絶対に繁栄に影響するはずです。そう考えると、二十一世紀に世界の繁栄の中心がアメリカからヨーロッパに逆戻りするとは考えにくい。やはり太平洋を渡ってアジア、とりわけまず東アジアに世界の繁栄の中心がやってくるのではないだろうか。これは好む、好まないの問題ではない。「これは歴史の大きな流れや」と松下幸之助はいうのです。

この話を何度も繰り返しいっていたことが私には非常に強い印象として残っています。

☆鍵を握るのは政治の変化

この話を聞いたのは三十年ぐらい前でしたので、当時はとても信じられませんでした。中国も現在のような繁栄の時期には入っていませんでした。だから、さすがに松下幸之助といえどもこの予測ばかりは当たらんだろうな、と思いました。

けれども、それから三十年たち、現在の中国の勢いを見ていると、本当に世界の繁栄の中心地は東アジアに来る、あるいは来つつあるのではないかという思いを抱かざるを得ません。これは私だけではなく、多くの人がそう感じているのではないでしょうか。

しかし、中国はともかく日本はどうなってしまうのか。松下幸之助はこういっていました。

「日本が本当に繁栄するためには一つだけ条件がある。国の舵取りをする政治がしっかりすることや」

政治がしっかりと行われるならば、日本は世界の繁栄の中心に立てる。けれども、そうでなければ、繁栄は日本の上を通り過ぎてお隣の中国へ行ってしまうというわけです。

現実はほとんどそうなりつつあるようにも見えますが、本来ならば、歴史の大きな巡り合わせとして、日本は世界の繁栄のど真ん中に立つはずである。それは物質的な意味の繁栄だけではありません。精神的にも、西洋の考え方が行き詰まってきて東洋の考え方が見直されるようになるという意味でもあるのです。

ちなみに私の勝手な予想をいえば、二十二世紀になると、繁栄はまた西へ移動すると思っています。つまりインドです。そして二十三世紀になるとさらに西のイスラムの国々へと移っていく。今はみんな、一日六回もお祈りをしているからイスラム世界は経済発展しないのだと揶揄《やゆ》していますが、二十三世紀には逆にそこが見直されると私は考えています。

世界は経済発展とともに宗教を捨ててきました。いいかえれば、宗教を捨ててお金を信じ、民族衣装を捨ててGパンに履き替えたときから、経済発展がはじまるのです。しかし、経済発展はしたけれど、羽織袴や着物とともに日本人の本当の良さも消えてしまったのではないでしょうか。

私は、二十三世紀ぐらいになると地球上のほとんどの人間が経済だけでは生きていけなくなると思うのです。心の支えとして宗教の必要性が見直されることになる。しかし、そのとき、すでに宗教はどこでも衰退してしまっている。唯一残っているのがイスラムです。だから二十三世紀はイスラムの時代になる。残念ながら私達はその結末を見届けられませんが、松下幸之助にならって、私はそのように予測してみたいと思うのです。

世界史を紐解けばわかるように、世界の繁栄の中心地は人間の価値観や考え方の変化とともに変わってきたといえるでしょう。その観点から見れば、これからの百年間は物質から精神へという大きな価値転換のもと、歴史の巡り合わせとしてアジアが世界の繁栄の中心に立つことになる。

けれども日本がその位置につくためには、大前提として政治がしっかり行われなければならない。そして政治がしっかり行われるためには、「百年かけてこんな日本を創ろう」という理念と大計を持った政治家が現れなければならない。また国民が、百年の大計をもった政治家を積極的に選ぶようにならなければならない。そして百年の大計を持つ政治家が日本の国を動かしはじめたら、日本は必ずよくなるでしょう。

まさに松下幸之助はそういう志を抱いて松下政経塾をつくったわけであります。

☆考え抜く人・松下幸之助

この百年という時間を考えるとき、私は企業人としての松下幸之助の志というものを思い起こします。

松下幸之助は大正七年に松下電器を創業します。奥さんと奥さんの弟と三人で会社を興すのです。この弟さんはのちに三洋電機を創った井植歳男さんですから、考えてみると、日本の家電業界を牛耳ったのは松下幸之助の奥さんだったかもしれません。ご主人が松下電器をつくり、弟が三洋電機をつくったわけですから、影の実力者は松下幸之助の奥さんだったのではないかと思ってしまいます。

余談ですが、松下幸之助の奥さんは淡路島出身で、私の妻と一緒です。もう一つ共通点があります。松下幸之助が最初に創業したのは大阪の生野区。極めて庶民的な町ですが、私が生まれたのがその生野区です。これも共通してるな、私も松下幸之助のようになれるかなと若いころは思っていましたが、なかなかそうはいきませんでした。

それはともかく、三人で会社をはじめてから松下幸之助は本当に一所懸命に、そして熱心に働きました。でも、いってみればこのころはまだ松下幸之助も野心のレベルでした。和歌山から大阪に出てきて、家も貧しかったから、ああ、腹いっぱい飯を食えるようになりたいな、大きな家にも住んでみたいな、地位も欲しいなというような、あらゆる意味において野心のレベルで頑張ったのです。

そのかいあって大正の終わりごろには随分成功して、福島区の区会議員になっています。また、大阪に五十台しかなかったというパッカードという外車を乗り回しています。いわゆる成り金の、小成功者が楽しむような野心のレベルでの欲望を実現したように思います。

ところが、実現したと思ったら今度はスランプに陥ってしまう。野心のレベルであっても、こうありたいと思って頑張っているうちは力が出るものです。しかし、それがほとんど実現できて満足してくると、目標を失って力が出にくくなってくる。「まあ、このくらい成功すればいいじゃないか」と思いはじめると同時に、大変なスランプに陥ってしまったわけです。

この時期に松下幸之助はいろんな人に、「今まで一所懸命働いてきたけども、なんとなく自分の思うことが全部実現していくと力が入らんのですわ」と、打ち明けたりしています。

そんな話を聞かされたお得意先の一人が松下幸之助にアドバイスをしました。「それは松下さん、あんたに宗教心がないからや」。信仰心がないからスランプに陥るのだといわれ、その人が信仰していた天理教の本部へ行くことを熱心に勧められるのです。幸之助本人にはその気はまったくなかったのですが、お得意先があまりに熱心に勧めるので断りきれず、天理教の本部へついていくことになりました。

ところが、天理の町に行った松下幸之助は、そこで働いている人たちの姿を見てびっくりしてしまいます。このあたりが学歴のない人の強みです。物事をありのまま、素直に見ることができました。なまじ知識があると、知識だけでわかったつもりになるのか、物事のとらえ方が狭くなる。「あれは宗教ですよ。〝ひのきしん〟という天理教の伝統的な勤労奉仕ですよ」で終わってしまうところです。

しかし、松下幸之助はそういう見方はしませんでした。働いているという一点においては天理教の信者さんもうちの社員も同じはずだ。それなのにどうしてこんなに熱心に働けるのだろう、と思った。それですぐに近くにいた信者さんに話を聞きに行くわけです。

松下幸之助がまず考えたのは、よほど給料が高いのだろうということでした。だから、「いくらもらっていますか？」と聞いた。すると「一銭も、もらっていません」という答えが返ってきたのでびっくりしてしまう。給料をもらっていないこの人たちが給料を払っているうちの社員よりもどうしてこんなに熱心に働けるんだろう、と不思議に思ったというのです。さらに聞いてみたら、電車賃まで自分で払ってきているという。

松下幸之助はますますわからなくなってしまった。一銭の収入もないばかりか、わざわざ電車賃を払ってやってきて、こんなに真剣に働けるのはなぜなのだろう、と考え込んでしまうのです。

松下幸之助という人は、わからないことがあると、いつもこのように自分の頭で徹底して考えはじめます。松下幸之助は「考え抜く人」なのです。「そうか！」と腹にすとんと落ち、自分で納得するまで、ずーっと、「なぜ？　なぜ？……」と考え続けました。

そのとき、天理教の本部に連れて来てくれた人が、「松下さん、あんたも天理教に入ったら、こうなれるよ」と入信を勧めるのです。しかし、その誘いは断ってしまう。

ここで入らないところがいかにも松下幸之助らしい。天理教が悪いというのではありません。ただ、「いや、必ずしもそうでもないと思う」といって、それからずーっと考え続けるのです。なぜ給料をもらってないあの人たちが、給料をもらっているうちの社員よりもこんなに働けるのか。それをずーっと考え続けるのです。

その結果、松下幸之助の自叙伝によると「ある日突然、稲妻の如く走るものがあった」。「そうか！」とわかったのです。何がわかったのか。「あの人たちは、自分のやっている仕事には崇高なる使命がある、聖なる事業であると信じて働いているのだ」とわかった。ああ、そうか、人間は崇高な使命に気がつけば、どんなに多くの給料をもらうよりも熱心に働けるのだ、と気づいたのです。

そして振り返って、「わが社に果してそんな使命はあるか」と考える。良心的な仕事をしようという程度のことは考えていたけれど、崇高な使命なんてものはまったくなかった。そう思った松下幸之助は、さらに深く考えはじめるのです。

☆使命に目覚めた瞬間

電器製品を作って売ることには崇高な使命はないのだろうか。松下幸之助はそれを考え続けました。そして、やっと気がつきます。見方によったら、われわれの仕事はあの宗教団体よりも偉大かもしれない――。それはどういうことなのか。

そのころは社会全体が本当に貧しい時代でした。たとえば私の母親なども、朝起きたらヤカンに水を入れ、火を起こした七輪にかけてお湯を沸かしていました。子供たちはそのお湯を水に少し足してぬるめのお湯にして、みんなで分かち合いながら顔を洗ったものです。洗濯機もまだ普及しておらず、どこの家庭でも冷たい水で洗濯していたため、母親たちはみんな真っ赤な手をしていました。

こんな社会の様子を見て、松下幸之助は「電器製品が普及するとみんなを貧乏から救える」と思ったわけです。今までわれわれは仕事を単なる金儲けのレベルでしか考えていなかった。だから社員は給料をもらっても、なかなか働かなかったのだ。ところが、この仕事には人々を貧乏から救うという大変な使命があったのだ、と気がついた。まさに志が芽生えたのです。野心、野望のレベルから志のレベルへ、これを境に松下幸之助の意識は大きく転換していきます。

そのことを松下幸之助はこう表現しています。

「それからの松下電器は自分でも驚くほど伸びはじめた」

これは大事なポイントです。経営者が目覚めると会社が伸びる。「ああ、そうか！」と気がついた瞬間から、組織は生まれ変わるのです。だから経営者の目覚めは、会社を目覚めさせる。松下幸之助が野心、野望のレベルを乗り越えて志に気がついたときに、松下電器は俄然として成長しはじめるのです。

そのあと、こんな面白いことがありました。当時、松下電器には千人ぐらいの社員がいました。そのうちの百六十八人の幹部を集めて、松下幸之助は自分が気づいた使命を発表するのです。そしてその発表の日、昭和七年五月五日を松下電器の新たな創業記念日とします。これを命知《めいち》元年といいます。本当の使命を知った最初の年という意味。志に目覚めた年です。

そこで発表した内容がなかなかすごい。「松下電器はこれから二百五十年かけて世界から貧乏を追放する」というのです。言葉は悪いですが、たかが千人程度の中小企業の経営者が二百五十年計画を発表したのです。常軌を逸した、とてつもないスケールです。

その発表会では、社員にも決意表明をさせたらしいのですが、それは大変感動的だったと聞きました。私はそのときはまだ生まれてもいませんでしたが、のちに松下電工の会長になった丹羽正治さんという人がその日、新入社員でその場にいたというのです。丹羽さんによると、みんな異様な興奮に陥ったそうで、新入社員は壇上に立っても「ウ、ウ、ウ……」としかいえなかった。だけど、みんな不思議に二百五十年生きられる気がしたというわけです。

これはいうなれば集団催眠です。しかし、人間とは実際にそういうものです。二百五十年計画に心をうち震わせると、二百五十年生きられるような気がしてくるものなのです。

私は、この発表会こそ松下電器が松下幸之助の志に染め上げられ、目覚めた瞬間ではないかと思っています。まさに命知元年、志の元年です。

このように松下幸之助は中小企業の経営者であったころから、百年、二百年というとてつもなく長い時間の中で考えていましたから、「国家百年の計」を国の政治に求めるのは当然だったのでしょう。

第二章

戦後日本人が失った三つのこと

――私の志

☆志の三条件――テーマ・原理原則・言行一致

今、日本の教育がひどく混乱しています。その根本原因は日本が国としての志を失ってしまっているところにある、と私は思っています。志がないと、人は育てようがありません。日本の教育が混迷しているのも、百年かけて「こんな日本を創る」という大計画がないからでしょう。理念と目標があるからこそ、「この計画を実践するためにこういう人が欲しい」という人を育てる方向が決まる。そんな目標が国にないから、人の育てようがないのです。

企業でもそうです。人づくりの一番の根本は、その企業にどんな理念があるのかということです。こういう使命感を持って、こんな会社をめざすのだという理念がなければ、人を育てようがない。松下幸之助の志について考え、また今の日本の教育状況を見るとき、人材育成の根本は、まさに理念であり志であるとあらためて感じさせられます。

そして、先に述べたように、志とは野心とか野望ではなく、みんなをよくしていこうという思いであり、みんなの利益を大きくしようとする心なのです。

伝記作家の小島直記先生は私の師ともいえる方です。かつて松下政経塾の敷地内にあった職員住宅の私の家の隣に住んでいただいて、大変親しくご指導いただきました。

小島先生のご指導の中で大変鮮明に覚えているのは、志には三条件があるというお話でした。それが次に挙げる三つです。

①人生のテーマを持つ

志の第一の条件は「人生のテーマを持つ」。仕事のテーマではありません。サラリーマンの場合、仕事のテーマが人生のテーマになるケースが多いのですが、それでは退職すると生きる目標がなくなってしまいます。仕事の目標＝人生の目標ではない。仕事を越えて、自分の一生を通じて達成していきたいテーマを見つけなければいけません。それが志となるのです。

たとえば、皆さんご存知の鍵山秀三郎さん（株式会社イエローハットの創業者）の人生のテーマといえば、たぶん「世の中のすさみをなくす」ということだと思います。松下幸之助はきっと「PHP（Peace and Happiness through Prosperity」でしょう。繁栄を通じて平和と幸福を求める。こういうのが人生のテーマになるのです。

そこで自分を振り返ってみて、人生のテーマは一体なんだろうかと考えてみました。私の場合は、志を持った青年を一人でも多く育てていきたいという思いがテーマになっています。皆さんはいかがでしょうか？

②生きる原理原則を持つ

志の第二の条件は「生きる原理原則を持つ」。人は背骨が曲がると健康に障害が出るといいます。整体師は背骨を真っ直ぐにすることを仕事にしています。けれども私はこう思うのです。本当は人間にはもう一本背骨が必要だ、と。それは何かといえば、精神の背骨です。

目には見えない背骨ですけれど、「自分の背骨はこれだ」というものを心の中に持つ必要があるのではないか。言葉をかえていえば、それが生きる原理原則です。たくさんは要りません。背骨は一本でいい。一本でいいけれど、この一本を持っているかどうかで、その人の生き方はまったく違ったものになるでしょう。

精神の背骨が曲がっていると心が歪《ゆが》んできます。そして、心が曲がってくると、生き方が歪んでくるのです。そして多くの場合は、くらげのように、ただ波に漂うような無目的な生き方になりやすい。今、そういう精神の背骨のない人がたくさんいるように思えます。

だからこそ生きる原理原則がいる。先ほどの鍵山さんでいえば、「凡事徹底」

がそうでしょう。松下幸之助でいえば「素直」です。〝これが自らの生きる原理原則だ〟というものを持たなくてはいけない。

私自身の生きる原則は「弁解しない」です。これが原理原則になるについては、自分の体験として大変ショックを受けた出来事があります。それは松下電器を辞めるときの話です。私が辞めると宣言したことに対して、何か問題を起こしたから辞めるのではないか、という噂が流れたのです。もちろん、そうではないのです。私は自らの志に生きようと辞める決断をしたのです。しかし、誰も信じようとはしません。

そこで、その経緯を文章に書いてみんなに送ろうと思い、文章をしたためているときに、たまたま手にした雑誌『致知』に載っていた作家の三浦綾子さんの言葉が胸に突き刺さりました。それは「一流の人間は決して弁解しない」という一行に満たない言葉でした。この言葉を目にしたとき、私は「あ！　そうか！　『弁解しない』というたった一つの原理原則を一生涯貫き通しただけでも、十分に一流の人間になれるじゃないか」と気がついたのです。

古来、弁解や言い訳は上手にしたために値打ちを上げた人は一人もいません。それどころか、弁解や言い訳を上手にすればするほど、人から軽蔑されます。逆境に立てば立つほど黙って耐える。そして実績をもって示す以外ないのです。

内村鑑三に『後世への最大遺物』という本があります。われわれが子供や孫や曾孫に残せるものは一体なんだろうかと問い掛けられたらどう答えるか。皆さんはなんとお答えになるでしょう。事業、お金、家屋敷、モノ……いろいろあります。ただ、これらはどれも誰にでも残せるものではないし、とかく相続争いの種になりやすい。しかし、ただ一つだけ、絶対に相続争いにならない遺産がある。それは何かというと、生きざまを残すことだと『後世への最大遺物』の中で内村鑑三はいっているのです。

「うちのおじいちゃんは本当に偉い人だった。どんな逆境にあっても絶対に弁解しない人だった」——たった一つだけでいいから、そのように後世に残せるものを持ちたい。これはわれわれが子々孫々に残せる最高の遺産なのです。そしてこの遺産相続には絶対に争いがない。だからこそ、最大の遺物になる。内村鑑三のいう「生きざまを残す」とは、生きる原理原則を残しましょうという意味であると私は思います。そんな生きる原理原則を持つことが志の第二の条件なのです。

③言行一致

志の第三の条件は「言行一致」。これは言葉のとおり、言っていることとやっていることを一致させるという意味です。どんなに立派で正しいことをいっても、言うだけでやらなければ意味はない。これはよくおわかりいただけると思います。

例えば、企業であれば、たいていは高邁な企業理念を掲げておられます。それらはまことに立派なものであります。いかなる企業も、「社会を犠牲にして大いに儲けよう」とはうたっておられない。「社会のお役に立とう」と高らかにうたっておられます。それはそれで立派なことです。

問題は、理念と実際の行動が一致しているかどうか、言行一致しているかどうかなのです。企業が掲げている理念と、社員の行動が一致している会社、あるいは一致させようとみんなが努力している会社は、やはりいい会社です。社会が支持してくれる会社なのです。逆の会社は信頼されません。

まして、立派な企業理念を掲げていながら、実際の行動が逆を向いていると、社会の人たちは、「けしからん」と怒ります。立派なことをいえばいうほど、実際の姿が逆に向いていると、社会の人たちは、「建前ばかり。口ばかり」と一層腹を立てるのです。

それならば、何もいわないほうがまだいい。それどころか、「私たちは社会のお役に立つ自信がありません」と本当のことをいうほうが、みんなに信頼されるのです。

もちろん、個人も同じです。私なども、とかく立派なことをいうことを仕事としています。しかし、世間の人たちは、私の言葉など信用していないのです。みんな、「立派なことをいっているが、実際はどうなのか」と、言葉と行動が一致しているかどうかを厳しく見ています。まさに、言葉と実際の行動を一致させようとすることが信用の元であります。

個人を取ってみても同じです。口で立派なことをいえばいうほど、実際の姿との違いを厳しい目で見られます。口で偉そうなことをいった時、その言葉の責任を世間は厳しく問うものです。「立派なことを口ではいっているが、実際に行っている姿を見てみろ。正反対ではないか」などと見られると、誰も信用しません。信用しないどころか、「あいつは口ばかりのやつだ」という烙印《らくいん》を押されてしまいます。

とりわけ、私のように、人様を導いたり、人様を指導する立場にある者、また人の上に立つ者は、一層厳しい生き様が求められます。本当の信用が身についてこなければ、人の上に立つこと、人を導くことはできません。私も精進しなければならないところです。

以上が、私が小島直記先生から教えていただいた志の三条件です。皆さんも是非、この三条件に照らしてみて、自分自身の志とは何かと一度問い掛けていただきたいと思います。

☆青年塾をつくった私の志

次に、私自身が青年塾をつくった志をお話ししてみたいと思います。三つの理由があります。

①日本人の政治意識を変える

一つは、政治を変えるために政治の主人公である有権者の意識を変えなくてはならないという思いです。私は松下政経塾に勤務していた時代に政治家を育てる仕事をしていました。そこで一番実感したことは、志ある政治家だけでは絶対に政治は変わらない、ということです。志ある政治家を育てる一方で、その政治家を選ぶことができる心ある有権者が育たないと絶対に政治は変わらないと思ったのです。

国民はこんなに立派なのに政治家だけがだらしない、ということはあり得ない。国民のレベルと政治家のレベルというのは必ず連動するものです。そう考えれば、政治家を変えるには国民の意識が変わっていかなくてはいけないと、ずっと感じていました。

松下政経塾出身で政治家になったある塾生が後援会でこんな話をしました。「私は従来の政治家のように、選挙区での冠婚葬祭には出ません。その代わり、その時間を全部、本来の政治活動に費《つい》やし、また勉強に費やしていきたい」聞いていた人はみんな拍手喝采して、大賛成をしてくれた。そこまではよかったのですが、発表会が終わってパーティーになると、みんなが耳元に寄ってきて囁いていくのだそうです。「うちだけは別にしてね」と。よその冠婚葬祭には出なくてもいいから、自分のところにだけは来てくれというわけです。

有権者がこのレベルで政治を見ている限り、日本の政治は変わりません。有権者はこの国の主人公であります。やはり、政治家が変わる前に主人公である有権者の側から変わってみせなくてはいけない。そういう運動が大事ではないかという思いが、青年塾をつくる一つのきっかけになっています。

ですから志ネットワークでは、政治家に対して自分の利益を求めません。「私のことはいいからもっとみんなのことを考えてください」という立場で、政治家に勇気を与えられる支援をしています。そういう有権者が一人でも増えてくれれば、志を持った政治家は勇気が与えられるのではないかという思いがあるのです。

②若者の目に力を取り戻す

もう一つは、若者の目に力を取り戻したいという理由です。昨今、日本の若い人の目から力が失われてきているような気がしてならないのです。視力が低下しているという意味ではありません。目からグッと出てくる強い力がなくて、みんなトロンとした目をしている。非常に優しくはなってきましたが、これから未来を力強く生きていこうというみなぎるような闘志が目に表れていない。そういう気がしてならなかったのです。

私は、このところ八年連続してバングラデシュに行っています。大変貧しい国です。中国にも、もう四年間連続して行っています。中国へ行ってもバングラデシュに行っても、一番気になるのは向こうの国の若者の、目の力の強さです。ギュッと睨まれると恐くなるぐらいの迫力ある目をしている。もちろん、目の構造の違いというような理由もあるでしょうから、一概に比較はできません。けれども、確かにいえるのは、目に意志がはっきり表れているということ。そんな感じを受けてから目の力がすごく気になりはじめたのです。そして、若者の目から力が失われたとき、その国の未来は危ないのではないかと思うようになりました。

企業でも若い社員の目を見ていると、その会社の未来がわかります。若い社員の目がキラキラと輝いている会社はやはり伸びます。

現状に安住すればするほど目から力が抜けていくのです。また目標を失った時も、目から力が抜けます。バングラデシュは本当に貧しい国ですが、若者たちは確信を持っています。「これから頑張ればこの国は絶対によくなる」という確信です。その意志が彼らの目に明らかに表れています。また、彼らの行動にも現れているのです。

ダッカ大学を見学に行って驚きました。学生たちは教室の前のほうから競争のようにして座っていく。日本の大学は後ろから埋まっていって、前はほとんど空いています。この違い。

彼らにとっては学問ができることは喜びなのです。頑張って勉強すれば未来が開ける。もちろん金儲けができるという理由もあるでしょう。国をよくするための仕事を見つけたいという学生もいます。理由はさまざまあったとしても、未来を自分の手で摑もうとする強い意志がはっきりと目に表れているのです。

彼らの姿を見て、私はもう一回、日本の若者の目に力を取り戻したいと思ったのです。言葉をかえれば、日本の若者にもう一回、未来の希望に燃える志というものを植えつけていきたいという思いを抱いたのです。これが青年塾をつくった二番めの理由です。

③世代としての責任がある

もう一つの理由は、世代責任ということです。私の世代の責任として、六十歳を越えてからは自分のためでなく世のため人のために、何かひと仕事しなくてはならないと思いはじめました。そうしないと世代責任を果たせないと考えるようになったのです。

これが青年塾をつくった三つめの理由ですが、この世代責任ということについては、切実なる思いがあります。私は、これから年寄りになる人には今までのお年寄りと比較して三つのものが欠けていると思うのです。そして、その三つの欠如が子孫に致命的な悪影響を及ぼすのではないかと危惧《きぐ》しています。それをなんとか防がなくてはいけない。それが私自身の世代責任なのではないかと思うようになったのです。

では、その三つの欠如とは何か、というのが次の話になります。

☆これからの年寄りに足りない三つのもの

これからの年寄りに足りない三つのものとは何か。それは次の三つではないかと私は考えています。

①貧乏を知らない

まず第一に、これから年寄りになる人たちは貧乏を知りません。私の祖父母の時代は、子や孫に身をもって「もったいない」という心を教えることができました。

私がよく覚えていますのは、祖母がデパートから送られてきた品物の包装紙をはずして一生懸命のばしていたり、紐を一生懸命ほどいてクルクルと巻いて缶にしまっておくような情景です。それは長い間、貧しい時代を過ごしてきた経験が教えるものでしょう。いつ何があるかもしれないという備えとともに「もったいない」という気持ちが、ものを大事にさせるのです。貧乏をしてきたからこそ、もったいないという心を子や孫に教えることができたのです。

けれども、これからの年寄りは生まれたときから豊かな暮らしをしてきました。間もなく団塊の世代が六十歳を越えますが、彼らは生まれたときから豊かです。さらにその次に年寄りになる世代は、もう生まれたときから何不自由のない贅沢な時代に育っています。

そうなると、「おばあちゃんが一番浪費家だよ」とか、「うちのじいさん、贅沢やわ」といわれるような年寄りが増えてくることになる。子供のころから贅沢をして育ってきた人が年寄りになったら突然節約型になるわけはありません。

子供がおばあちゃんに「お漬物の漬け方を教えて」といえば、今までのおばあちゃんなら教えることもできたでしょうが、これからのおばあさんは「コンビニで買っといで」としかいえない。自分で漬けたことがないのですから致し方ありません。そういう体験がないということも含めて、貧しさを知らない世代が年寄りになる時代なのです。

これがこれからの年寄りに足りない第一のことです。

②戦争を知らない

二つめは戦争を知らないこと。私の子供のころは、お年寄りが集まるとすぐに戦争の話になりました。戦友が集まったときなど大変でした。私は子供のころ、そうした大人たちの戦争の話をじっと聞いていました。

話に耳を傾けていると、あの世代の人たちの根っこのところには、理屈を越えて「戦争を繰り返してはいけない」という気持ちがあることがわかります。日本の政治家でも後藤田正晴さんあたりまでの政治家には、そう簡単に戦争の路線に走ってはいけないという強い信念が感じられます。それは明らかに戦争体験が原体験になっているのだろうと思うのです。

そういう意味では、私は松下政経塾出身の政治家にもいささかの危惧を感じています。「武力の行使も辞さない」という血気盛んなところがある。武力には武力をもって断固として戦うべきだと簡単にいえるのは、戦争の悲惨さを身に沁《し》みて感じていないからでしょう。だから、外交理論や軍事理論を振りかざして、「ここは力で押してしまえ」という判断を簡単に下してしまう。これは戦争を知らない裏返しではないかと思うのです。

この戦争を知らないということが、再び同じ間違いを繰り返して、後世に大きな禍根《かこん》を残す要因になるのではないかと心配しています。

③神仏がわからない

三つめは、神や仏がわからない年寄りが増えてくるということ。私の祖父はなぜか毎朝仏壇に向かってチンチンと鐘を鳴らして、二言めにはこういっていました。「ご先祖に申し訳ない」。祖母はお灯明をあげながら「そんなことをしたら、罰があたる」といいました。言葉としては幼稚かもしれませんが、祖父母はそのようにして子供たちに神や仏という、人間を超える偉大な存在に対する畏敬《いけい》の念を教えてきたわけです。

しかし、宗教について学ばずにきたこれからの年寄りには、それが教えられないのではないでしょうか。宗教を知らない人間は何を拠り所に生きていけばいいのか。神や仏といった人知を超えた大きな存在を畏怖することを知らないまま育った人間が何をしでかすのか、私はとても心配なのです。

このようなところから、私は自らの世代責任というものを強く感じるようになりました。

日本はこれから年寄りがどんどん増えていき、やがては人口の三分の一を占める時代になります。もちろん私自身も含めて、その年寄りに問題があるような気がしてなりません。

　私は年寄りの持つ悪い影響力というのを大変心配しているのです。これからは年寄りが危ないという気がしてなりません。最近、電車に乗っていても、行儀の悪い年寄り、傍若無人な年寄りが目につきます。それを見るにつけ、なんとなく、年寄りが世の中を悪くしているのではないかと思ってしまいます。「今どきの若者は」とはよくいわれるけれど、私は「今どきの年寄りは」といいたいのです。それほど、年寄りの慎みを欠いた言動が気になります。

　どうしてそうなってしまったのか？　それにははっきりとした理由がありま す。

　私が学生時代に、大学には会田雄次という先生がおりました。その会田先生が繰り返し繰り返し、私たち学生にいいました。「君らが日本を動かすときを私は大変心配している」と。それを聞いた私は、「放っておいてくれ。すぐに年寄りはそういういい方をする」と、聞く耳を持ちませんでした。けれども、それから四十年。今ごろになって耳鳴りのように先生の言葉が響いてくるのです。

あなた方がこの日本を動かすとき、この国は危なくなる。それはなぜか？それはあなた方が受けてきた教育に問題があるからである——今まさに会田先生が心配した時代がやって来たのです。

小泉首相は私と同じ年です。今、日本のリーダーといわれる経済界の大御所も、ほとんどわれわれと同世代です。会田先生が危機感を抱いた時代、すなわち戦後の教育を受けてきた人たちが、日本のリーダーとなって国を動かすときがきたのです。

では、私たちの世代は誰の意思によって教育されてきたのか。答えは明白です。昭和二十三年は私が小学校に入った年です。この年、日本はまだアメリカ進駐軍の占領下にありました。つまり、われわれはアメリカの意思のもとに教育されたのです。

これには大変大きな意味があります。今までの日本のリーダーと、これからの日本のリーダーは、受けてきた教育が根本的に違うのです。その教育の違いがそのまま社会に大きく影響を及ぼしてくる。そこまで考えが及んだとき、会田先生の言葉に大変深い意味があることに気づきました。

アメリカがどういう意思のもとに日本人を教育したかというのは公文書に書かれ、すでに公にされています。建前としては「日本が再び戦争を起こさないような民主国家にする」と書かれています。今のイラクと同じような感じです。再び戦争を起こすことのない民主国家にするために民主主義を教えていく。そういう計画のもとに日本人を再教育したのです。

しかし、これはあくまでも建前です。本音は日本人を精神的に骨抜きにすることにあった。つくづくアメリカというのは大した国だと思います。五十年かけて、ちゃんとその成果をあげてきたのですから。

まさに、われわれは精神的に骨抜きにされました。そして骨抜きにされた日本人が、今、日本の国を動かしはじめたのです。その結果は、昨今多発している数々の社会問題を見れば明らかでしょう。あまりにも恥ずかしい行いがリーダーに多い。大会社の社長という立場にありながら、次元の低い、質の悪いことを平気で行っていたことが次々に露見し、不祥事となっています。

まさにそれは属人的要素ではなく、世代的な問題ではないかと思うのです。

☆欠けているものを取り戻す

アメリカは、日本人を精神的に骨抜きにするため、教育において三つのことを教えてはならないと命じました。その三つとは、宗教、道徳、そして歴史です。いずれも日本人の伝統精神と誇りを育《はぐく》むものであります。「宗教、道徳、歴史を学ばずして、君たちは、どのように精神を立てるのか？」という会田先生の声が今ごろ耳に響きます。

だから、私がつくった青年塾は、先に挙げた私達の世代に欠けている三つのものをあえてカリキュラムの柱にしています。欠けているのなら、それを勉強し直そうという考え方です。それは会田先生が、「君たちはこの三つの教育を受けていない」とおっしゃっていたことをそのまま裏返した教育内容にしようということでもあります。それが次の三つの教育です。

①信仰心を育てる

私たちが教えられていないことの第一は、信仰心、宗教です。特定の宗教という意味ではありません。人間を超える偉大な存在に対する畏敬《いけい》の念を教えられていないのです。

そのために極めて思慮が浅く、傲慢な日本人が増えてきたと思うのです。もっといえば、金さえ持っていればなんでもできると考えている日本人です。そういう日本人が増えたことによって、金がすべてであり、金を握った者が勝者になるという社会になりつつあります。それは神への畏《おそ》れがない、つまり信仰心がないからできることだといえるのです。

青年塾では、信仰の教育、宗教の勉強に力を入れていきたいと思っています。どの宗教を教えこもうとか洗脳しようというわけではなく、知識として知っておこうという考えから行っています。

たとえば、青年塾には伊勢神宮講座というものがあって、毎年お伊勢さんに二泊三日で出かけています。日本の公教育では、伊勢の神宮に参ることは宗教教育になるからという理由で、基本的にはできないとも聞きます。伊勢へ行ってもすぐ近くにあるスペイン村や水族館には行き、伊勢の神宮には行かないのです。

それはおかしいのではないか。日本人であれば、宗派を問わず伊勢の神宮に行くべきだと私は思っています。あえてお参りしろとまではいわないけれど、日本人である限り、伊勢の神宮がどういうところなのか知っておくことに意義があります。知識と信仰は別です。「お父さん、伊勢神宮には何を祀ってあるの?」と子供に聞かれたときに、「赤福餅じゃないか?」というのでは困るし、恥ずかしい。日本人であるなら、クリスチャンであっても、伊勢の神宮にはこういう歴史があって、こういうものが祀られているんだという程度の知識は持っておきたい。それが非常に大事だと思うのです。

青年塾で伊勢の神宮に行ったからといって、私は「お伊勢さんをお参りせよ」とも「神道を尊敬せよ」ともいいません。それでも、みんな「日本人てすごいですね」といいます。「どうして?」と聞くと、伊勢の神宮には説明の看板がほとんどない。言挙《ことあ》げしないのが日本人(敷島の道)だというわけです。いちいちくどくど言葉で説明しない。自分で考えて、自分で感じて自分で工夫していく。そんな日本人の特性をよく表しているというのです。

その伊勢の神宮には内宮《ないくう》と外宮《げくう》があります。外宮は、内宮に祀られている天照大神《あまてらすおおみかみ》のための食事を作る神様（豊受大御神《とようけのおおみかみ》）をお祀りしてあります。その外宮では千二百年間一日も欠かさず、朝と夕方に神様に供える食事作りをしています。食事の材料はすべて神様のために作ったものです。そしてお米は無農薬です。理屈で考えたら「神様が本当に食べるはずがないんだから、そのへんのスーパーで買ってくればいいだろう」となりますが、そういうものではないのです。

この千二百年間朝夕の食事作りを一日も欠かさず続けているという事実を聞いただけで、日本の若者たちが「日本人はすごいですね」というのです。そんな国は世界中、どこにもない。中国は四千年の歴史といいますが、王朝が度々変わっています。蒙古が支配して元の国になると、漢民族のやってきたことが全部否定されます。だから、四千年の歴史があっても、四千年間続いてる儀式はありません。イギリスにしても、今の王朝は五百年ぐらいです。アメリカはたかだか二百年余りです。

まさにそういう意味において、日本人としての誇りを取り戻していくためには祖先から連綿として培われてきた宗教的な知識をしっかり身につけることが欠かせないと思います。

繰り返しますが、特定の宗教に洗脳しようというつもりはありません。その必要もありません。だから私には宗教に対する精神的なわだかまりや抵抗感はまったくない。むしろ大いにそういう事実を知ることによって、新しい精神世界が開けていくのではないかと期待して伊勢神宮講座を続けています。

②道徳を教える

教えられていないことの二つめは道徳です。戦後の教育の中で一番否定されてきたのが、この道徳でした。道徳は、言葉をかえていえば、人の道です。〝これは反動教育である〟とする日教組の反対によって教えられなくなったわけです。しかし、それが今の社会のモラルの低下につながっていることは疑いのないところです。したがって、青年塾では道徳、人の道というものについてしっかり教えています。

それも理屈で教えるのではありません。道徳の第一歩は人に迷惑をかけないこと、そしてその次に他人に対する思いやりの心を持つことです。青年塾ではそれを単なるお題目や理屈ではなく、普段の立ち居振舞い、行動、実践の中で身につけるようにしています。歩く時の足音、風呂の入り方、食べ方、靴の脱ぎ方など、すべてにおいて人に迷惑をかけない、人を思いやることを強く求めます。

③歴史を学ぶ

教えられなかったことの三つめは近代日本の歴史です。若い人を見ていて今一番心配なのは、歴史についての知識があまりにも欠けていることです。「その国の国民から歴史の記憶を消し去ることは、その国を滅ぼすのと同じだ」といわれますから、これは本当に危険です。

たとえば、松下村塾です。いろんな講演に行って「松下村塾って知っていますか？」と質問すると、二十代の青年で知っている人は一割程度しかいない。本当に愕然《がくぜん》とします。「河合塾なら知ってる」と、こういうわけです。

萩市長の野村さんによると、観光客が萩の松下村塾へ行って、その看板を見て「しょうかそんじゅく」と読める人が半分ほどしかいないそうです。あとの半分は「へえ、〝まつしたむらじゅく〟か」「へえ、〝まつしたそんじゅく〟か」というらしい。

これは一例であって、最近の若い人は近代の日本の歴史をほとんど知らない。それは学校で教えないからです。政治的な絡みもあって教えにくいこともあるから、明治維新以降は自習してくださいとなるわけです。だから、ほとんどわかっていない。歴史に関する知識といえば、年号を丸暗記するような受験用のものばかりです。

　この間、私は愛知県にある三ヶ根山というところに行きました。三ヶ根山と聞いて直観的にピンとくる人はどれだけいるでしょうか？　地元のタクシーの運転手さんに、「ここ三ヶ根山ですね。確か東京裁判でA級戦犯として処刑された人達の墓があると聞いているんですけれど、ご存じですか？」と聞いても知りませんでした。

　実はこの三ヶ根山の山頂付近には東京裁判でA級戦犯として処刑された東条英機以下七人のお墓があるのです。なぜ、こんな場所に墓を作ったのか。それには大変ドラマチックな歴史が隠されています。

　時は昭和二十三年十二月二十三日にさかのぼります。この日、東京裁判でA級戦犯とされた東条英機以下七人の戦犯が処刑されました。

　当時、戦犯の一人である小磯国昭の弁護人を務めた三文字正平という人がいました。この弁護士さんは、どうしても彼らの遺骨を取り戻したい、そして遺族に遺骨を渡してあげたいと考えました。しかし、正攻法で交渉してもＧＨＱ

が遺骨を渡してくれるはずがない。そこで三文字弁護士は、遺骨を盗み出すという計画を練ります。

まず、進駐軍の兵隊と仲良くなり、横浜の久保山火葬場で火葬するという情報を聞き出します。そして処刑翌日の十二月二十五日。クリスマスで進駐軍の警備が薄くなったところをついて、七人の遺灰を集めて逃げるのです。

それから長い間、盗んだ遺灰は伊豆の山中に隠されていましたが、世の中の流れが変わってきたのを見て、昭和三十五年、三ヶ根山の山頂にあらためてA級戦犯のための合同のお墓を作り、遺骨を移したのです。

こんなドラマチックな歴史が残っているのです。日本各地にそういう歴史的な由来を持つ場所はたくさんあります。でも、歴史を知らなければ、何も感じとることができない。これは残念なことといわざるを得ません。

☆精神の立て直しこそ緊急の課題

同じような歴史の話ですが、この間、青年塾で岩手県の藤沢町に行きました。車で走っていて何気なく外を見たら道筋に「安重根記念碑」とあります。どうしてこんなところに安重根の記念碑があるのかなと思って地域の人たちに質問してみました。ところが、誰も知りません。安重根が誰なのかもわからない。「アンジュウコン？　それ何？」という感じです。

安重根と聞いてピンとこないのは、歴史を知らない証拠です。韓国の人ならみんな教え込まれて知っている安重根がわからないのですから、当然これは日韓の認識ギャップになる。だから韓国に行って「謝れ」といわれても、「何か悪いことをしたのでしょうか？」となるし、中国から「謝罪せよ」といわれても、「何かあったのでしょうか？」となってしまう。暖簾《のれん》に腕押しのような状態ですから、相手にとっては余計に腹が立つわけです。まさにそういう意味において、歴史のしっかりとした認識がすごく大事だなと思うのです。

ところで、なぜ安重根の記念碑が岩手県にあるのか？　調べてみると、やはりそこにもドラマがありました。

安重根は伊藤博文をハルビン駅で射殺したあと逮捕されます。その後、旅順に連行されて刑務所に収監されます。

そのとき看守を務めたのが岩手県出身の千葉十七という人でした。この千葉さんは最初、伊藤博文を暗殺した安重根を国賊として憎むのですが、監視を続けている間に心境が変わっていく。その態度所作から安重根が人間的に非常に立派な人だと感じるようになって、だんだん傾倒していくのです。そして処刑の日まで一人の人間として安重根を大事に取り扱います。

それを安重根も感じたのでしょう、いよいよこれから処刑されるという五分前に筆と紙を借りて「為国献身軍人本分」と揮毫《きごう》し、「大変お世話になりました」といって千葉十七さんに手渡す。これが安重根の絶筆になります。

千葉十七さんは安重根が亡くなったあとも、ずっとその書を大切に持っていて自宅で供養を続けました。千葉さんが亡くなると遺族の方たちが引き継いで供養を続けたそうです。そして時代が変わったところで安重根の家族に返還する。その書は今、ソウルにある安重根義士記念館に国宝として保管されています。これも一つの歴史のドラマです。

会田先生は「宗教と道徳と歴史を学ばずして、君たちはどうして精神を立てるのだ」といわれました。これは重い言葉です。精神を立てていくというのは、今の私にとっては人生のテーマともなっています。

宗教と道徳と歴史を忘れると、残るものはただ一つ、金儲けだけです。だから「儲けた者勝ち」と考えてしまう。そして大いなるものに対する畏敬の念がなくなる。お金を儲けるためには、人の道を踏みにじり、手段を選ばない——そういうやり方が罷《まか》り通っているのが今日の日本なのではないかと思います。

今の日本にとって一番大事なことは、経済の立て直しなどではない。精神の立て直しが求められているのです。そして精神の立て直しをするためには、宗教と道徳と歴史という三つをしっかり学ぶことが大変重要ではないかと感じます。

青年塾は、若い人に精神を高く持ってもらうために学び合う場であります。それが私の志であると同時に、私の世代責任ではないかと考えているのです。

第三章

「主人公意識」を育てる

——青年塾の教育（1）

☆「不便、不自由、不親切」の教育

それでは青年塾では、若い人に志を植えつけるために、具体的にどういう人づくりをしているかという話に入ります。青年塾で私がやっている人づくりと、松下幸之助が松下政経塾で求めたものは、まったく一緒です。松下政経塾の教育の延長線上で青年塾をやっていると考えていただければわかりやすいと思います。

青年塾をはじめたころ、しばしば「志というものは教えられるものなのか」という問いを投げかけられました。それについて私自身も時には、難しいかもしれないという気持ちに陥ったこともありました。

しかし、それでもなお志を教え、植えつける活動をしなくてはいけないという思いが、時を追うごとに強くなってきました。「教えられる」とか「教えられない」といった問題ではなく、「教えなければならない」というやむにやまれぬ思いです。

そんな思いを反映して、青年塾では「教えません。摑んでください」という基本指針を掲げています。手取り足取り教えるのではなく、自分で何かを摑む。これが一つの標語になっています。

これを松下政経塾では「自修自得」といっていました。自ら問いを発し、自ら答えを摑んでいくという意味です。一体これからどうしたらいいのだろうという問題意識を持ったら、どんなに苦労してでもその答えを自分で摑む。それが自修自得です。

誰かいい方法を教えてくれないかな？　誰か簡単な方法を教えてくれないかな？　というのではない。苦労に苦労を重ねながらも自分で何かを摑んでいくという考え方です。それを踏襲して、青年塾では「教えません。摑んでください」をモットーとして掲げているわけです。与える教育ではない求める教育ないのです。

そして徹底して自分で摑む教育を進めるために、あえて「不便、不自由、不親切」という三つのキーワードを教育指針にしています。

これは今日の教育の反省に立った考え方でもあります。今の教育はあまりにも至れり尽くせりで、結果的にみんなをどんどん受け身にしています。不思議なのですが、人というのは与えれば与えるほど贅沢病に陥って、与えてもらったことに感謝するのではなく、与えてもらっていないわずかなことに不平不満をもらします。

ならばその逆を行って、初めから何も与えずに、塾生を不便で、不自由で、不親切な状態に置いて、嫌でも自分の世話は自分でしなくてはならないようにしてはどうか。そう考えて、私の青年塾の教育の指針は「不便、不自由、不親切」になったのです。

だから私は、塾生諸君に苦労させることをいつも考えています。苦労をしなければ、本当の学びにならないと思うがゆえです。また、苦労するから感動があり、感動するから学びがあるのです。楽をしては絶対に感動はない。手抜きからは絶対に感動は生まれないのです。とりわけ人のために買って出た苦労は大きな感動をもたらしてくれます。

「いろいろ苦労したけど、やってよかったな」というのが感動です。「手抜きしたけど、やってよかったな」ということはない。手抜きは心を奪い去ります。手抜きは〝心抜き〟なのです。

本当に感動しようと思ったら、とことん手抜きをしないこと。そのための「不便、不自由、不親切」です。受け身ではなくて、主体的に学ぶことが大事だと思うのです。

そう考えると、志とは教えてもらうものではなく、自分で摑み取っていくものであるという言い方が正しいかも知れません。

☆与えられないから感動が生まれる

まず研修スケジュールの中身はすべて塾生に作ってもらいます。私はそれを見て指導したり、根掘り葉掘り問いただしていくだけで、自分からは一切手出ししません。もちろん、大まかにどういう内容を勉強するかは、私が決めていますが、その時間配分を塾生に決めてもらうのです。

すると、すごいスケジュールを作ってきます。朝は五時半ごろから夜は十一時ぐらいまで、びっしりとスケジュールを組んでくる。「おい、ちょっとハードすぎるんじゃないか」と聞くと、「上甲さん、これぐらいやらないとだめです」と答えます。もし私が同じスケジュールを作って「これでやれ」といえば絶対に文句が出るはずです。「こんなに朝から晩までやっておれません」と。ところが、自分で作ればどんなハードなスケジュールにも腹が立たないのです。

これが主人公意識です。人に与えられたスケジュールだと、少しでも厳しいと「しんどいな」「大変だな」となりますが、自分で作ったスケジュールならばどんなにハードでも腹が立たない。こんな具合に、研修の仕組みは徹底して塾生が主人公になるようにしているつもりです。それが青年塾の研修の大きな特徴ではないかと思っています。

多くの会社の研修を見ていると、研修部門がお膳立てをしすぎています。そのため受講生は、研修場所に行くまで、講師のことをほとんどわかっていません。あとは出合い頭みたいなもので、「今日の話はよかったな」といっても、それはたまたまよかっただけであって、すぐに忘れてしまう。

お膳立てして与えるから、みんなお客様意識で座っているだけなのです。それでは人生の主人公にはなれない。いかにしてみんなを主人公に仕立ててあげていくかという研修の仕方を考えることが大事だと思います。

その一環として、青年塾の研修会場はできるだけ不便なところを選びます。

私の口癖は「どこか足場の悪い所はないか？」です。できるだけ行くのに苦労する場所を選ぶ。簡単には行けないところ。これが一つのミソです。

入塾式は岐阜県恵那市明智町というところでやります。全国各地から塾生が集まるのに名古屋駅前のホテルでも使えばいいようなものですが、それでは簡単に行けてしまう。それで岐阜県恵那市明智町です。ここはなかなか行けません。名古屋から中央線で一時間ほど行き、そこで乗り換えてさらに一時間ほどかけてやっと到着する。そんな便の悪い場所が入塾式の会場です。

また、その案内も極めて不親切です。詳しい地図などつけません。たとえば「入塾式は四月一日午前十時。明智町集合」とだけ書く。すると、「どうやって行けばいいんですか？」と、次々に電話がかかってきます。私の返す言葉は簡単です。「自分で考えてください」。これです。そういわれると、嫌でも地図を買ってきて、明智町がどこにあるかを調べなければならない。そこへ行くにはどうするか、時刻表を買って調べなければならなくなる。何もかも自分でやらなければならない。

時刻表で列車の時刻を調べた経験のない人もたくさんいます。中には、親が心配して後ろからついてくる人もいます。この間、山口県のある女性の父親が心配して、気づかれないように娘のあとをついていった。すると案の定、塾生が間違った方向に向かっていった。お父さんはハラハラしています。しばらくして子供がようやく間違いに気づいて、戻ろうと思って後ろを振り返ると、そこにお父さんがいた――こういう笑い話のような事件もありました。

間違ってもいいのです。自分一人で行くことによっていろいろミスもあるけれども、そのようにして一つひとつ覚えていく。何よりも、苦労して到着したら感動します。「ああ、やっと着いた」と。これがかけがえのない体験になるのです。

入塾式の案内状に地図も列車の乗り換え時刻も詳しく書いておくと、必ず「上甲さん、いろいろ書いてもらっていますけど、バスの時間が抜けてますよ」

というようなことになる。いろいろ書いてくれてありがとうとはいいません。与えれば与えるほど、足らざるところを見つけて文句をいう。だから、できるだけ不便に、できるだけ不自由に、そしてできるだけ不親切にしているのです。

入塾式を行う明智町に行くと、数年前までは「携帯電話は通じません」と書いてありました。「携帯電話の電源を切ってください」という必要がない場所をわざわざ選んだのです。ところが、この間行ったら、明智町も「携帯電話が通じます」とあった。これはぼつぼつ会場を変えなくてはいけないかな、と思案しているところです。とにかく、不便、不自由、不親切、これがいい。これが感動を生む源になるのです。

以前、丹後半島の山の中にある廃校で研修をやったこともあります。そのときは、十年使っていない廃校を使えるようにするために、塾生諸君が二日前から行って徹底して掃除しました。自分たちで徹底して掃除した研修会場は、どんな高級なホテルの研修会場よりも愛着が湧きます。それは自分たちで苦労して作ったからです。

まさに不便、不自由、不親切は、人に苦労させるけれども、その苦労が感動になる。そして何よりも、自分がその研修の主人公になっていく。主人公意識を育てるためにも、不便、不自由、不親切を大事にしなくてはいけないのです。

青年塾ではお隣の中国という国を理解しようと、中国理解講座というものを毎年開いています。この講座をはじめようと考えたのは五年前でした。そのとき、まずどこに集合しようかなと思いました。青年塾らしい集合場所がないかと、いろいろ考えました。その末に「四月六日午後六時、北京の新世紀飯店ロビー集合」と決めました。現地のホテルのロビーで集合です。「北京までどうして行ったらいいんですか」と聞く人には「自分で来てください」といいました。するとみんな「えーっ？」と声をあげました。

考えてみれば、海外旅行の経験はあっても、すべてツアーで、成田空港か関西国際空港に行けば旅行社のツアーコンダクターがいて、全部お膳立てして連れていってくれていたわけです。ところが、これは違う。自分のことは自分でしなくてはいけない。すると、いろんなことがわかるようになります。航空便にもいろいろあって、値段が違うしルートも違う。飛んでいる曜日も違う。全部違うとわかるのは、自分でやるからです。人にやってもらっている限りはいつまでたっても何もわからないままです。

「一人で中国まで行くなんて危険なのではないか」という人もいます。しかし、一人で行くほうが身を守る意識が強くなります。北京の空港でも、たとえば「ちょっとお兄さん寄ってらっしゃい」と誘われたとしても絶対についていきません。みんな「一人で行ったら危ない」といいますが、それは違います。「団体で行くと危ない」が正解です。

一人で行けば自分で危険に備えるという気持ちがあります。でも団体で行ったら、ホテルを出ていくときでも、誰かホテルの名前を知っているだろうと思ってしまう。すると、土産物屋でお土産を買っていて振り向くと誰もいない、自分の泊まっているホテルの名前がわからないとなって、青ざめることになるのです。

自分一人だったら「もし万が一帰って来れなかったら」と考えますから、必ずホテルの名前をメモします。ところが団体だと油断してそんな準備をしていない。だから一人で行くより団体で行くほうが危ない。このようなわけで、青年塾の中国理解講座は、毎年現地集合、現地解散にして、自分で責任を持って行動することを教えています。

一昨年は応用問題で、重慶集合にして中国内で国内線を乗り継ぐ体験をしてもらいました。上海で乗り継がなければならないのですが、二つの空港は上海市の両端にあります。空港の間を移動するだけでも大変です。まして、外国の国内線の乗り継ぎを一人で体験する機会はありませんから、重慶に集合しただけでもう十分に盛り上がっていました。それは「やっと着いた！」という感動です。これも不便、不自由、不親切の効能です。

こうした体験を積むことから、自分のことは自分でやるという主人公意識、松下政経塾でいうところの「自修自得」の精神が芽生えてくるのです。

☆万事研修――求めれば、出会う

松下政経塾の教育には、自修自得に加えてもう一つの基本指針がありました。それは「万事研修」です。自分で何かを摑み取ろうと思って努力すれば、すべてが勉強になるという意味です。自分の力で中国往復するのも、それ自体が勉強になるのです。

自修自得と万事研修、これが松下政経塾の人づくりです。自ら摑め、そして本当に自ら摑もうと思ったら、私のように壇上から偉そうに話しているのが先生なのではなくて、あらゆる人、あらゆる体験が先生になる。すべての体験、すべての出会いから学ぶことができる。万事万物、すべて我が師なのです。

これは松下幸之助自身が自ら体験してきたことでしょう。先生がいて手取り足取り教えてもらうのではない。自分が「これは一体どうしたらいいか」と求め続ければ、すべてから学び取ることができる。だから松下政経塾には、常勤の講師は一人もいません。それはそうです。万事万物、すべて我が師なのですから。ちなみに、この万事研修について、松下政経塾の塾生心得ともいうべき〝塾訓〟は、「見るもの聞くことすべてに学び一切の体験を研修と受け止めていそしむところに真の向上がある。心して見れば万物ことごとく我が師となる」と掲げています。

それについてこんな思い出があります。あるとき、「君、犬のしっぽでも先生になるんやで」と松下幸之助がいったのです。犬のしっぽが先生になるって、どういう意味かなと本気で思い悩みました。松下幸之助は、目の前を通りかかった犬が振っているしっぽを見て「あ、そうかとひらめくこともある」ともいいました。そして「そのときは犬のしっぽが先生や」という。

これはどういう意味なのか。私はいつも若い人たちに「求めれば、出会う」ということをいっています。求める心が強いと、出会う。どうしたらいいかという強い問題意識を持っていれば、ふっとしたことで、「あ、そうか」と感ずることがある。答えが見つかるのです。言葉をかえていえば、ぼーっと過ごしていたらいけないよ、という意味です。本当に自分に求める気持ちがあれば、すべてが先生になり得る。それがこの「万事研修」という言葉になったのです。

これは青年塾もまったく一緒です。例えば私は青年塾で、できるだけ雑魚寝《ざこね》をしてもらいます。今の時代は、ホテルのシングルルームだと喜ばれるのですが、雑魚寝をするというとみんな嫌がります。でも青年塾は違う。「雑魚寝もまた研修だ」といって雑魚寝をさせています。

なぜ雑魚寝なのか。それは、なんでも体験しておけば、いざというときに絶対役に立つからです。もし災害が起きたら避難所に入らなくてはいけないかもしれない。体育館でみんなが一緒に寝なくてはならないときに、普段いつも一人で寝ている人は、隣の人のいびきやら動きが気になって眠れません。しかし「私、青年塾で雑魚寝は慣れています」となれば平気で寝ることができる。だから雑魚寝も勉強です。

これは学校の勉強とは違う、生きた勉強です。できるだけいろんなことを体験してもらって、その中から学んでもらう勉強です。可能な限り、自分で体験してもらう。体験を通じて学んでいくから、机上の勉強と比べて得るものがすごく大きい。これが万事研修ということです。

☆人生の主人公は自分という「主人公意識」を持つ

青年塾には今年、第八期生として、九十名以上の塾生が集まりました。毎年のことですが、入塾式のときは浮かない顔をして参加している人が多いのです。足取りを見たら、まるで屠場に連れてこられた牛みたい。肩がガクッと落ちて、暗い顔をしている。途中で逃げて帰るのではないかというぐらい、暗い表情をしています。その理由は簡単。青年塾に行きたくないのに、上司や会社、あるいは親から行ってこいといわれて嫌々来ているからです。

それがわかっていますから、私はこのごろ勇気を奮《ふる》って、「この中で嫌々渋々来た人、ちょっと前に出てください」と聞くようにしています。初めてそう聞いたとき、四、五人は出るかなと思いました。しかし、私の考えは甘かった。九〇パーセントが前に出てきたのです。座っている人のほうが少ない。でも、私はひるまずに言いました。

「それもまたよしです。青年塾に入るときはそれでもいい。大事なことは、それを引きずらないことです」

来ると決めた限りは、その瞬間にパッと気持ちを切り換えなければだめなのです。ずっと最後まで嫌々渋々だったら、結局、損をするのは自分です。いや、自分だけ損するのではありません。送り出してくれた会社も損、研修期間中留守を守る家族も損。みんな損です。

「よし、せっかく来た限りは何か掴まないと帰らんぞ」というふうに意識を切り換えなくてはいけない。それが大事なんだと最初に教えています。

それについて、私はいつも、「主人公意識を持って世の中を渡っていかないと奴隷の人生になる」という言い方をします。

「あなたはどうしてここに来ているの？」

「社長にいわれたから来ています」

「それはお気の毒に。あなたは奴隷だな」

社長にいわれたから来ているということは、意志は社長にあります。「私はこの身を社長に売り渡しています」ということになります。しかし、たとえサラリーマンであっても、「青年塾で何かを掴み取るぞ」という主人公意識は大前提です。意識としては自分の人生は自分が主人公なんだと考えることが大事なのです。

そうすると、「社長にいわれてやってきた」という考え方はよくない。やはり「来た限りは、私は積極的に勉強します」と考えるほうが主人公になれる。きっかけは奴隷でもいいけれども、そこですっぱり気持ちを切り換えて、人生の主人公は自分であるという「主人公意識」を持つ――それがとても大事だと、私は思ってきました。とりわけ、志を学ぼうとするのに、奴隷意識はなじみません。

奴隷のままだとひどい人生を送るはめになりかねません。日々のニュースを見てください。「上司に命じられたから……」といって悪事に手を染めている人がいっぱいいます。主人公意識を持てば、「それは会社の命令でも、私にはできません」といえるはず。奴隷の意識しかないから何もいえないまま、悪いとわかっていてもやってしまうのです。その結果、その後の人生がおかしくなっていく。そのときに悔やんでも後の祭りです。

繰り返しますが、青年塾に参加するきっかけは受け身でもいい。でも、来た限りは何か摑んで帰るぞという気持ちになる。そういう気持ちになったとき、その人はもうすでに主人公意識を持っているのです。そうあってほしいという意味も込めて、入塾式のときにはいつも、主人公意識の話を塾生の皆さんにしています。

☆サラリーマンでも意識は社長のつもりで

松下電器では新入社員のときから、「立場は一社員であっても意識は社長であれ」と教えられました。要するに、立場は新入社員でも意識は社長のつもりで仕事をしなさいというのです。私はまったくその通りだと思って、あちこちで生意気だと叱られながら社長の意識を持って仕事をしてきました。意識の上では社長ですから、叱られてもまったく平気でした。

松下電器では、この「意識は社長だ」というのを「社員稼業」という言葉で表現しています。松下電器の軒先をちょっと借りて、自分で商売しているつもりでやれ、という意味です。一つの部の一つの課の一社員ではない。そういう考え方を持てと教えられました。

私はサラリーマンを三十一年一カ月やりましたが、精神衛生的にも比較的健康でやってこられたのは、命令されて仕事をしなかったからだと思っています。

私が新入社員のとき、毎朝、課長が部下を集めて会議をしました。そこでこんこんと説教をするのですが、怒られる人は大体決まっていました。意外にも、真面目に仕事をしている人が多かったのです。

私はまだ新入社員でしたから、どうして一番真面目に仕事をしている人が怒られるのだろう、と不思議でした。しかし、そのうちに理由がわかってきました。

怒られる人は確かに真面目ではあるけれど、受け身で仕事をしている人です。「これ、今週末までに仕上げてくれる」といわれて、徹夜してまで一生懸命やる。それでも間に合わなくて「君、もう締め切り過ぎたよ」といわれると、「はあ、すいません」と素直に答える。もうそれですでに負い目を感じているわけです。結局、月曜日になってもできず「お前、遅いな」といわれ、ようやく水曜日ぐらいに出すと「いつまでかかっとるんだ」と怒られるのです。物事が悪いほうへ悪いほうへと循環していってしまうわけです。

この人を見ていて、新入社員なりにわかりました。そうか、組織というのは受け身に回ったらとことんやられるな、と。そのときに、「攻撃は最大の防御」といういい言葉があるなと思いました。だから私は、いつも上司に「私にこれをやらせてください」といって自分から仕事を作っていきました。そうすれば、今度は上司が受け身に回るのです。

たとえば、私は数えきれないほど海外に出張しましたけれど、一度も上司から「行ってこい」といわれたことはありません。行きたいと思ったら、「これは絶対アメリカに行くべきです！」と主張して、半ば強引に了解をとっていました。

これは要するに、主体性があるかないかの違いです。組織に使われるのではなくて、組織を使い切るというつもりでやったほうが、仕事は絶対に面白くなる。立場は一サラリーマンでも、この会社の軒先を使わせてもらって大いに自分の仕事をしようという主人公意識を持つ。またそういう考えに立つと、上司は使われるものではなく使うものに転じてきます。

松下幸之助も教えています。「上司は上手に使うものである」と。それがすごく大事です。

その意味で、青年塾も主人公意識を持つことを徹底してやってきました。だから私は何もお膳立てしない。「不便、不自由、不親切」に徹しているわけです。

第四章

人間力を高める

——青年塾の教育（2）

ここまで松下幸之助の志、松下政経塾の志、私の志についてお話をして、志を教えるためには自分で摑んでいくという「主人公意識」が大事だと話してきました。次に、青年塾の根本的な目的である「人間力を高める教育」をテーマに話していきたいと思います。

☆自分の仕事を好きになる努力をする

「人間力を高める教育」の第一の柱は、〝人に迷惑をかけない心〟そして〝人のお役に立つ心〟を育てることです。

その点について、新入社員のときに松下幸之助から聞いた話が忘れられません。松下幸之助はこういいました。

「今日は君らに大事なことを話するから、よく聞いときや。これから僕がいう二つのこと、この二つを守り通したら、君らは将来松下電器の重役になれるぞ」

重役になれるということがいいかどうかは今となってはわかりません。しかし、当時は新入社員です。「末は社長か重役か」と思っていましたから、これはしっかり聞いておかなければいけないと思って身を乗り出して聞きました。

不思議なのは、のちに私の同期にそのときの話をしたら、みんな知らないというのです。そんな話は聞いた覚えがない、と。

これは本当に不思議に感じました。同じ話を聞いていても、覚えている部分が人によって違う。逆にいえば、私が忘れてしまっている話もたくさんあるはずです。私はそのとき、将来よほど社長か重役になりたかったのでしょう。「松下電器の重役になれるぞ」といった松下幸之助の言葉を鮮明に覚えています。

そのとき松下幸之助は何をいったのか。「まず、ええ会社に入ったなと思い続けられるかどうかや」というのが第一の話でした。いい会社に入ったと根っこのところで思い続けられるかどうか。

なんだ、そんな簡単なことか。これは二つのうち一つをもうクリアしたと思いました。半分重役になったなと私は思いました。もともと入りたくて入った会社ですから、「良い会社に入った」と思い続けることは簡単だとそのときは思いました。

しかし、それから三十一年一カ月、上司とソリが合わなかったり、叱られたり失敗したりしたとき何回会社を辞めようかと思ったことか。こんな会社、やってられんと数え切れないほど思いました。だからこそわかるのですが、「根っこのところでいい会社に入ったなと思い続けられるかどうか」、これは納得いく人生を送る大事なコツです。

これは要するに、自分の選んだ道を積極的に受け入れる心を持つということです。結婚を考えるとわかりやすいかもしれません。いい人と結婚したなと思えるからこそ幸せになれるのであって、嫌な人と結婚したなと思ったら絶対に幸せにはなれない。そういう意味です。

そもそも嫌な会社に入ったなと思ったら、朝もなかなか目が覚めません。覚めても通勤の足取りが重たい。いい会社に入ったと思うからこそ、今日も頑張ろうという気持ちになれるのです。嫌な人と結婚したなと思ったら、家に帰る足取りも重たくなってくる。だからこそ、自分の選択を積極的に受け入れることが大事なのです。

このことはすごく大事な教えだと、人生経験をいろいろ経てきたこのごろ、特に思うようになりました。

最近、若い人から「自分の好きな仕事をしたい」という言葉を聞くと、ちょっと抵抗があるのです。それはわがままではないかという気がしてならない。人生経験の乏しいときに好きな仕事なんか見つかるはずがないと思うのです。

人生において大事なことは、自分の好きな仕事をすることではない。人生において大事なことは、自分のする仕事を好きになる努力をすることです。好きな仕事をしたいというのは、見方によればわがままです。自分のやる仕事を好きになっていく努力をするほうが、本当に幸せになり、いい仕事ができるようになるのではないでしょうか。

結婚も一緒です。好きな人と結婚することも大事ですけれども、もっと大事なのは、結婚した人を好きになる努力をすることです。そういう意味で、私は自分の仕事を好きになる努力がすごく大事なのではないかと感じています。

☆仕事は手段であり目的ではない

私が松下電器に入るときに、人事の重役が面接で質問しました。その質問をはっきり覚えています。「君、会社に入ったら、アフリカに行ってくれるか?」といったのです。私は瞬間、ウッと固まりました。いきなりアフリカといわれても困る。そう思いながらも、勢いで「行きます」と答えました。

家に帰って母親にいいました。

「俺、松下電器に入ったらアフリカ行きや」

お袋はいいました。

「アフリカに電器製品あるんか?」

入社後、私はてっきりアフリカに行くものだと思っていました。あるとき、同期の連中が集まっているところで、何気なく、「俺、どうもアフリカ行きらしいわ」といいました。すると、みんなも同じように、「俺もアフリカ行きだ」というのです。松下電器はこれからアフリカに力を入れるのかなと思いました。でも、そうではなかった。

「アフリカに行ってくれるか?」と聞かれて、「アメリカだったら喜んで行きます」「アフリカはちょっと御免こうむります」と答えた人は落ちているのです。この質問は、どんな仕事を与えられても喜んでやりますよ、という気概の有無を試していたのです。

自分なりに仕事を積極的に好きになる努力をすることは、とても大事なことです。そして、そのためのコツは、志を持つことです。もっといえば、仕事は目的ではない、手段であるという考えを持つことが大事です。「私がこの仕事をしているのは、所詮手段でしかない。私の人生の目標は人を幸せにすることであり、人に喜ばれることだ」と考えるとしたら、どんな仕事でも喜んで引き受ける心意気が生まれてきます。

たとえば医者なら、お医者さんになることが目的ではない。お医者さんという手段を通じて社会の役に立つこと。それが働く真の目的であり志なのです。けれども、多くの人は、医者になることが目的になっているように私には見えます。

本来は医者の使命や志について大学でもっと教えるべきなのですが、日本の医学部は——私の知る範囲では——医者としての知識や技術は数多く教えても、医者の社会的使命や、志や、本当の人間としてのあり方はほとんど教えていません。だから変な医者がたくさん出てくるのです。それは、医者になることがいつの間にか目的になっているからです。もっといえば、お金儲けの手段として医者をめざすというレベルでしか考えていないからです。

「自分が仕事をするのはあくまでも手段であって、本当の私の人生の目標は仕事を通じて人のお役に立ち、人を喜ばせることです」といえるようになれば、どんな仕事でも好んで引き受けられるはずです。そのための第一歩が志を持つことだと強く感じるのです。

☆天職とは創り上げていくもの

「自分の好きな仕事をしたい」というのと同様に、「天職を見つける」といういい方もあります。これについても私は異議があります。天職は見つけるものではなくて、創り上げるものではないか、と。天職を見つけようとするから、いつまで経っても見つからないのです。

私は松下政経塾に出向することを命じられたとき、松下幸之助に断りにいきました。「私はそんな仕事をするために松下電器に入ったのではありません。第一、電器メーカーの社員がどうして政治家を育てられますか」と。

けれども、あれから三十五年経って、今はこの仕事が天職だなと思っています。人間というのはいいかげんなものだと我ながら思います。

しかし見方をかえれば、私は天職を創り上げてきたといえるのではないでしょうか。熱心に真剣に仕事と取り組んでいるうちに、最初はやりたくなかった仕事がいつの間にか天職になっていったという部分が確かにあります。

そう思って振り返ってみると、私は松下電器に入社して以来、退職するまでの三十一年一カ月、一度も自分のやりたい仕事をやらせてもらった記憶はないのです。けれども、今になってみれば、どの仕事も自分にとっては天職、あるいは天職に近いというふうにしか思えない。まさに天職は見つけるものではなく、自ら創り上げていくものとつくづく実感しています。

どんな仕事でも、今やっている仕事を本当に熱心に真剣にやり、その仕事を通じてなんとか社会の役に立ちたいと思って続けていくならば、後々「これは自分の天職だったな」としかいいようがなくなる。これが生き方というものではないかと思うのです。

政治家もそうです。ほとんどの政治家は、政治家になることが目的になっています。

しかし、松下政経塾出身の政治家は違うし、また違っていてもらわなければ困る。政治家になることはあくまでも手段であって、本当の目的は、政治家になるという手段を通じて日本のために尽力するところにあるということでなくてはならないのです。

そういう志を持っていれば、たとえ落選中であっても政治家です。落選という立場を通じて日本をよくする活動をしているというのなら、これもまた一つの現役政治家なのです。そういう見方をすれば、また政治家というものの捉え方が変わってくるのではないかと思います。

今の話を再び結婚にたとえてわかりやすくしてみましょう。

最愛の人と結婚するといういい方がありますが、それは幻想です。物理的に不可能なことです。最愛の人といっても、それはとりあえず今日までの最愛であって、明日は別の人のほうがよかったというケースがたくさんあります。

だから、最愛の人と結婚するというのは幻想。大事なのは、結婚した人を生涯かけて最愛の人に仕立てあげる努力をすることです。死ぬ最後の瞬間に「やっぱりあなたしかいなかった」といえるような、また、そういわれるような人に仕立てあげていく。これが人生ではないかと思います。

隣の芝生ばかり見ずに自分の選んだ道を積極的に受け入れる。そのためには、嫌な仕事を我慢してでもやるというのではなく、「仕事はあくまでも手段。私の人生の本当の目的は、人に喜ばれ、人のお役に立ち、人を幸せにすること」という志を持つことです。それが幸せになり、また物事がうまくいく方法なのです。これが松下幸之助が「大事なこと」として新入社員であったわれわれに話してくれた一つめの話です。

☆何よりも信用を大切にしなくてはいけない

「人間力を高める教育」の第二の柱は、信用を高める。これも松下幸之助が、私が新入社員の時の研修で話したことです。

「君ら社会人になってな、お金が一番大事だと思ったらあかんぞ」

これを聞いたときはびっくりしました。それまでずっと、金、金、金と思っていたからです。初任給をザーッと調べて、ボーナスもザーッと調べて、大体松下電器に入ったらこれぐらいはもらえるだろうという計算をしていました。第一、お金を稼ぐために社会人になったと思っていました。そんな私からすると、「お金が一番大事と思ったらあかんぞ」といわれても、ちょっと待ってくれという気持ちでした。

松下幸之助のいわんとしたことは何か。それは、こういうことです。

「もちろんお金も大変大事であるが、お金は失っても取り戻せる。けれども、人生にはいったんなくしてしまうと取り戻せんものがあるんや。あるいは取り戻すのに大変苦労するものがある。そういうものを何よりも大事にせなあかんぞ」

では、なくしてしまうと取り戻せないものとは一体なんなのか。

「それは信用や」

と松下幸之助はいいました。

「信用を大事にしいや。信用を失うと、すべてを失うんやで。だから何よりも信用を大事にするんやで」

この一言が強烈な印象として私の脳裏に刻み込まれています。

例えば、仮に、東京大学を一番で出て財務省に一番で入った人がいたとしましょう。人もうらやむエリートです。しかし「彼は人間的には信用できないね」といわれてしまえば、その一番は一切意味をなさないということです。

人間の根っこが腐っていると、絶対にいい花が咲かない。人間の根っことは何かといえば、それは人間的信用ではないか。どんなに優秀な能力を持っていても、どんなに難しい試験に通っても、どんなに高等な技術を身につけても、「彼は人間的には信用できない」という一言で、すべての努力が吹き飛んでしまうのです。だから、まさに信用こそが人間の根っこです。「彼は人間的に大丈夫だ」といわれるように根っこをしっかり育てる。これが人間力を高めるための第一の努力ではないかと思ったのです。

信用ぐらい築くのに時間がかかるものはない。それなのに、失うのは一瞬です。そして失った信用を再び取り戻そうとしたら、膨大な時間がかかります。私のような年齢になって信用を失うと、もう取り返せないかもしれません。

昨今は、社会的に功なり名を遂げた人が、七十や八十になって東京拘置所へ収監されるような事件が数多く見られます。きっとあの人たちのショックたるやすごいものでしょう。登りつめるところまで登って、てっぺんからドーンと地面に叩き落とされるのです。

そして何よりのショックは、もはや敗者復活するための時間がほとんど残されていないという現実です。ある程度の年齢以上になると、失ってしまった信用を取り戻せないままこの世を去らなくてはならないのです。一度失った信用を取り戻すのには、それほど膨大な時間が必要とされるということです。

根っこがしっかりしていないと、どんな有名校を優秀な成績で卒業していてもだめだし、どんな資格を取ってもだめだし、どんな知識を修得してもだめなのです。根っこが腐っていると、花は咲かない。根っこが弱々しいと、大きな花が咲かない。だから根っこをしっかり作っていくことは人づくりの根本になると私は考えています。

ところが今、そういう根っこ作りが非常に疎《おろそ》かにされています。とにかく試験の点数がよくて、偏差値が高かったら大手を振って罷り通るような社会になっています。人間としての根っこを問われないために、変なリーダーがたくさん生まれてくるのです。

そう考えるがゆえに、私はあえて人間としての根っこをよくすること、信用の大切さを強調したいのです。

「信用を何よりも大事にしいや」という松下幸之助の一言は、志の第一歩、原点です。

☆信用こそが人間力の根本

では、信用というものはどのようにして築けばいいのか。それについて私は次の三つのポイントを提案したいと思います。

①約束を守る

まず第一は、約束を守る。極めて当たり前のことですが、約束を守り続けることが信用を築く第一歩になるという気がします。

いつも約束の時間にきちっと来る人がたまたま今日遅刻したら、みんなから「何かあったのかな？」と心配してもらえます。いつも遅刻してくる人は、今日遅刻しても「またあいつか」といわれるだけです。約束を守るという当たり前のことをきっちり続けることで、周りから心配してもらえるようになるのです。

たとえば、「金を貸してくれとあいつからいわれたけど、大丈夫だろうか？」というようなとき、「あいつなら大丈夫だ」といわれる決め手は人間としての信用です。「親の財産があるから大丈夫」とは誰もいいません。「今まで何度も金を貸したけれど、いつも必ず約束の日に返してくれた。彼だったら大丈夫だ」というのは、借りた金は必ず返すという約束を守り続けることによって築かれる信用です。
信用を築こうと思えば、当たり前のことだけれども、約束を守っていくことが大事なのです。

②言行一致

信用を築く二番目は言行一致。これは先ほどもご紹介したように、伝記作家の小島直記先生が教えておられる〝志の三条件〟の一つでもあります。すなわち、口でいっていることと実際にやっていることを一致させる。特に人の上に立つ人間にとって一番大事なのは、口でいっていることと普段の行動を一致させる努力をすることです。完全には一致しなくても、それを目指して努力する姿を見せる。それが信用につながるのです。

企業も一緒です。社是・社訓という企業理念と社員の行動が一致している会社はいい会社、信用できる会社です。社是・社訓と社員の行動が一致していいなければ建前だけの会社、看板倒れといわれても仕方ありません。

日本中の企業の社是や社訓には必ず「世のため人のため」と書いてあります。「社会に貢献する」という一言が入っています。「人を騙してでもいいからボロ儲けしよう」という社是・社訓の会社はどこにもありません。

立派な社是や社訓を掲げているのに逆のことをやる会社には一番腹が立ちます。あの三菱自動車でも、社是・社訓にはきっと「世のため人のため」というようなことが書いてあるのではないでしょうか。「車輪が外れてもいいから、できるだけ儲けよう」とか、「不祥事を隠し続けて、騙し続けよう」とは書いてない。「世のため人のため」などといいながら車輪が外れるから腹が立つのです。

そういう意味で、口でいっていることと実際にやっていることを一致させることは、個人にとっても企業にとっても大事なことです。信用をつくる二番目の必須条件であると思います。

③天の目を判断基準とする

信用を築く三番目は、「天を相手にする」ということです。人の目を基準にして物事を判断している間はまだまだ弱い。「誰も見てないぜ、やってしまえ」「やめとけやめとけ、人が見てるぞ」といいますが、これはまだまだ弱い。言葉は適切かどうかわかりませんが、「天が見ているぞ」という一言を自分の中にしっかり持つことです。

人の目は見えますが、天の目は見えません。空を見上げて探してもどこにも見つかりません。天の目とは自分の心の中に養うものなのです。だから、天の目を養うことは志ある人づくりの基本になると思います。

私の好きな「一人を慎む」という言葉も、そういう意味です。誰も見ていないけど、自分の良識、良心に照らして、やってはならないことはやらない、やるべきことはちゃんとやる。これが本当に立派といわれる人です。なかなか難しいです。私もそうありたいといつも思っていますが、なかなかできません。また、できないからこそ、いつも「天が見ているぞ」と自分に言い聞かせるのです。

人は見ていないけれども天が見ているという意識は、ある意味で、非常に高邁なる精神といっていいでしょう。そして今、日本人に一番求められているのが、こういう高邁なる精神ではないのかと思います。というのは、現状があまりにもひどすぎるからです。

いろんな企業で起きている不祥事を見てください。ひどいというしか言葉がありません。いうなれば、地に落ちた経済活動です。それを私は非常に悲しく思います。それと同時に、この高邁なる精神を取り戻さないと日本は永遠に復活しないのではないかと危惧《きぐ》するのです。

青森県の津軽半島に、十三湖という湖があります。去年は一年間に十回ぐらい青森に行きまして、私はすっかり青森ファンになりました。実にいいところです。ところが、地元の人はそう思っていないようです。青森は発展に取り残されている、というのです。

それは見方の違いでしょうが、私にいわせれば、日本のよさを残している土地だと思います。青森、秋田、岩手の東北三県には、日本のすごく古い、昔の生活に根ざした文化や伝統が息づいています。しかも、むやみやたらと開発されていないところにも好感が持てます。

さて、十三湖といえばシジミです。シジミがうまいのです。バターで炒めると、ものすごくうまい。成分分析をすると、ここのシジミは日本で一番おいしいそうです。その十三湖では年間千五百トンぐらいのシジミが採れます。ところが、市場に出回っている十三湖産と表示したシジミは三倍近くもあったというのです。これが私には大変不思議でした。採れるのが千五百トンで、マーケットには、その倍、あるいは三倍も出ていたというのですから。シジミというのは輸送中に子供を産むのかと思いましたが、そんなわけはありません。要するに、他の産地のシジミを混ぜていたのです。もっとも最近は、そんなこともなくなってきたとのことですが……。

それはおかしいと私がいうと、業界では常識だったといわれました。混ぜるのが日本では当たり前だというのですが、どう考えても非常識としか思えません。

ただ、いくらか良心的なのは、十三湖産のシジミはほとんど十三湖で採れたもので、よその分はパラパラとしか入っていない。これはかなり良心的なほうなのだそうです。ひどいところになると、ほとんどがよその湖で採れたシジミで十三湖のものは十三個しか入っていない。もっともそれは冗談ですが、それで十三湖産と書いて売っているとすれば、これはもう詐欺行為です。「ええかげんにせえ」というしかない。十三湖という名前がつけば売れるからと、そういうやり方が平然と行われていた。しかもそれが常識だといわれているのです。これは「天が見ているぞ」という言葉に対する冒瀆ではないかと思います。

魚沼産コシヒカリというのも、ほとんどは混ぜているそうです。これは魚沼に行って聞いてきましたから間違いないでしょう。生産量の十倍も魚沼産コシヒカリと書かれた袋が市場に出回っているという話でした。誰がというわけではありませんが、要するに魚沼産とつけば高く売れるから混ぜているのです。

名産といわれるお茶も同じです。銘茶といっても、よそで採れたものを名産地に持っていって、そこでお茶を混ぜて銘茶として出している。これも志に反していると私は思います。自分のところの無名のお茶をなんとしても有名にするぞという努力をすればいいのです。その努力を怠って、情けなくも有名な産地に持っていってブランドをおすそ分けしてもらおうとする。その精神がそもそもおかしいと思います。このやり方は他の産品にも数多くあります。それどころか、むしろそれが当たり前になっているそうです。まさに信用地に落ちたという気がしてなりません。

その意味で「天が見ているぞ」という気持ちを持って自分の行動を律するこ

とができるのは、かなり高邁な精神であり、また志の原点ではないかと私は思います。繰り返しになりますけれども、信用を大事にし、そのために精神を高くすることが非常に大切だと思うのです。

そう考えると、人づくりの第一は、やはり人間力。とりわけ自分の人間としての品質保証をしっかりすることです。その部分を十分に養っておかないと、どんな知識や技術や学歴も資格も生きてこないということを重ねて強調したいと思います。

松下幸之助もまた松下政経塾の教育において、そのことを求めたのではないでしょうか。頭につける知識も大事だけれども、心を育てないといかんというのが、松下幸之助の教育の真髄でした。だから松下政経塾では、「政経塾」といいながら、政治学や経営学や経済学を教えることはあまりしません。「経済学を知っていることと経営ができることとは違う。政治学を知っていることと、政治ができるということは違う」

と松下幸之助もいっています。知識も大事だけれど、知識だけでは実際の役に立たない。だから繰り返しいったことは、

「知識も大事やけども、それは使いこなしてこそ初めて生きてくるもんであって、その知識を使う知恵が大事や。知っているだけではいかん。できるようにならないといかんのや」

という言葉でした。これが松下幸之助の人づくりなのです。松下政経塾は知恵を磨く道場だったのです。

どんなに知識を身につけても、心が貧しかったら知識はかえって邪魔になることもある。オウム真理教などはその典型です。やはり知識を身につけるのと同時に、身につけた知識にふさわしい心を育てなくてはならない。この二つがバランスよく育ってこそ、両輪として働きはじめるのです。松下政経塾が特に力を入れたのは、この両輪のうちの心を育てるという教育です。違う言葉でいえば、知恵を磨くという教育が根本にあったのではないかと思っています。

私の青年塾も、松下政経塾と同様、知識は自分の必要に応じて勉強してもらえばいいと考えています。知識を否定はしませんが、その知識を使いこなす知恵というものをしっかりと学んでもらいたい。そして知恵を生かす心をしっかりと育てていきたい。そうしないと、本当の学びにはならないのです。したがって、心を育てる教育、知恵の教育に力を入れているのです。

☆汗を流して知恵を掴む

日本で今一番疎《おろそ》かにされているのは、知恵の勉強です。知識ばかり教えて知恵を身につけないから、いろいろアンバランスな人間ができてくる。「流汗悟道《りゅうかんごどう》」という言葉があります。北海道家庭学校で教えてもらった言葉です。汗を流して実際に体験をすると、人間としての大事な何かがわかる、という意味の言葉です。これは本を読んでしっかりと知識を身につけるという勉強とは違う、知恵の勉強方法です。今、日本ではこの「流汗悟道」の教育が求められていると思うのです。だから青年塾では、「流汗悟道」の教育を基本にしています。具体的にはすでに述べたように、できるだけ多くの体験を現地、現場で積んでもらうというのが基本的な教育のやり方になっています。

松下幸之助は塾生に向かって、「天下の掃除をする前に、まず身の回りの掃除をしっかりと励め。身の回りの掃除もできない人に、天下の掃除ができるはずがない。君らしっかり掃除しいや」といいました。これは、政治家にふさわしい心を育てなさいといっているのと同じ意味です。

政治学の勉強も大事だけれど、もっと大事なのは政治家にふさわしい心を育てることである。そんな心がなければ、どんなに高度な知識を持っていても立派な政治家にはなれない。そのために知恵の勉強、心の勉強が必要なのです。

横浜市長の中田宏氏は松下政経塾の塾生のころ、「ゴミの中田」と呼ばれていました。本人が粗大ゴミという意味ではなくて、「ゴミの研究をしている中田」という意味です。彼のことを本当に偉いなと思ったのは、松下政経塾の塵埃室《じんあい》というゴミの収集場にほとんど一日入り込んで、塾から出るゴミを全部分別しているのを見たときです。彼は、私のところにやってきて、こういいました。「上甲さん、これ捨ててありましたがまだ使えますよ」と。ときには私の出版した本を持ってきて、「これ、塵埃室に捨ててありましたよ」と嫌味なこともいいました。ゴミとして捨てている塾生がいたのです。

彼は本当にいつも現場に入っていました。本を読んで知るのではなくて、現実に接触して、現実を知ろうとしていたのです。彼は兵庫県西宮市の資源ゴミの収集場の一番の末端でしばらく働いていました。

そのあとで私のところに来て、「末端の資源ゴミの収集場所はひどいものです」といいました。資源ゴミということは、資源としてもう一回使えるはずのゴミです。けれども、その中から注射針が出てきたり、猫の死体が出てきたりする。現場で現実にあたって初めて見えてくる事実もたくさんあるのです。

今、衆議院議員をしている山井和則氏は老人福祉問題の専門家です。彼は日本中あちこちの老人ホームへ行って、自分でいろいろと体験をしています。

今は少なくなりましたが、昔は老人をベッドに縛りつけるというようなことがありました。彼はそれを見て、自らを実際にベッドに縛りつけてみました。そうして初めて、縛りつけられるということがどういうことか、どんな感じがして、どんなに苦しいかということを知りました。自分で縛られる苦しみを体験してみて初めて、こんなことをさせてはいけないと気づくのです。そこから彼は政策を具体化させなくてはならないと考えはじめるのです。

松下政経塾の研修というのは、そうした意味で「流汗悟道」すなわち「額に汗を流しながら体験してみて初めて人間として大切なことがわかる」ことを基本とする教育ではなかったかと思います。すべて現地現場で体験を通じて学べ、という教育です。

その山井氏があるとき、「上甲さん、紙オムツしたことがありますか？」と聞いてきました。「いや、俺もまだそこまで老いぼれてないな」というと、彼は自分でつけてみたというのです。紙オムツをしていて汚物がたまってくると、気分が悪いだろうということは誰でも想像がつきます。でも、それは想像の範囲を出ない。だから、彼は自分で紙オムツを履いて、実際に小便や大便を垂らしながら生活したというのです。

山井氏の話では、初めは緊張してなかなか出なかったそうです。けれども、そのうちに溜まりに溜まったものがまとめて出てきた。

そこでわかったのは、どんなにおいしい食べ物が目の前に出てきても、紙オムツに排泄物がたまっている間は食欲が出ないということ。紙オムツを履くというその行為がすでに食欲減退につながるのだと教えてくれました。

このあたりが松下政経塾の教育の真髄です。これが松下幸之助の人づくりなのです。頭や知識ではなくて自分で身をもって体験してみる。そして紙オムツならその気持ちの悪さを肌で知ってみる。それによって真実がわかってくるという教育です。まさにそれが「流汗悟道」であり、知恵を磨く教育であり、心で学ぶ教育なのです。

☆鶏の解体で学んだ「いただきます」の真意

青年塾も「流汗悟道」の教育をしています。そのために、常設の教室というものがありません。現地、現場に出掛けていって、自ら体験をして、学んでいくという知恵の教育なのです。その点は、松下政経塾の松下幸之助の人づくりの考え方と完全に一致していると思います。

たとえば、青年塾では条件さえ整えば、鶏の解体を体験します。青年塾の東クラスは毎年、岩手県の館ヶ森にある館ヶ森アーク牧場に行きます。そのときに、必ず鶏の解体をやります。これは大作業です。この体験はバングラデシュ研修の時にもやりますが、館ヶ森のほうがもっときついように思います。なぜならばバングラデシュでは、オスの若鶏を解体するのに対して、館ヶ森では卵を生まなくなった廃鶏を解体するので、体の大きさが違います。

まず鶏を自分で捕まえるところからはじまります。ここからすでに大騒動です。鶏小屋があって、鶏にはみんな名前をつけます。それを捕まえるのですが、鶏なんか捕まえた経験がない人ばかりです。生きている鶏を捕まえるのがどれほど大変なことか。見ていると、鶏よりも人間のほうがよほど派手に動き回っています。苦心をしてようやく鶏をつかまえたら仰向けにします。そして、両方の翼に自分の足を乗せます。すると鶏は首だけしか動かせなくなりますから、そこで首を持って一気に斬り落とすのです。

鶏の解体は一番初めにバングラデシュに行ったときにはじめました。今は大分慣れてきましたが、最初のときは大変でした。

塾生は初め「上甲さん、あんなことといってたけど、まさか本当にはやらないだろうな」と高をくくっていました。ところが最終日に宿舎に帰ったら、熱帯の木の下に五羽ほどの鶏がうずくまっている。それを見て、「本気だ！」と青ざめたのです。

白い雄の若鶏でした。その鶏を二人一チームになって、一人が胴体を持ち、一人が首を持ってそれを切り落とす。初めはみんな胴体を持ちたがります。どうしても首を斬るのが嫌なのです。しかし、それも浅はかな考えだとやがてわかる。さっきまで生きていた鶏が自分の腕の中で事切れる瞬間の切なさはなんともいえないものです。

首を持っているほうも、「上甲さん、この鶏、僕を見てますよ……」とかいいながらなかなか斬れない。「行け！」といわれて、「えいやっ！」と白い首にナイフを当てて首の皮一枚だけ残して斬る。喉笛がヒューッと鳴って終わり。

首を斬った鶏は血抜きのために遠くへ放り投げます。地面にドスッと落ちた衝撃で血が抜けるのです。そうすると、生きているときはハエ一匹たかっていなかった鶏にハエがいっぱいたかってくる。死ぬというのはそういうことだと、そこでみんなわかるのです。

それから解体する。バングラデシュでは毛をむしるのではなく、皮をはぎます。その後、手を突っ込んで内臓をすべて引っ張り出します。この生温さがなんともたまらない。魚が料理できるのは冷たいからだとこのとき気づきました。

バングラデシュでは雄鶏《おんどり》でしたが、雌鶏《めんどり》の場合、お腹の中に卵が入っていることもある。その感触もつらい。そういう気持ちの悪さをこらえつつ、内臓を全部手でかき出して、料理をするのです。このようにして鶏がだんだん食品になっていく過程を体験するのです。

天晴《あっぱ》れなのは女性の塾生です。絶対に慌てません。自分たちで解体した鶏の肉で作ったチキンカレーを全部残さず食べます。男性の中にはほとんど食べられない人もいます。女性の中には、いわなくてもいいのに、「これ首かしら」とかいう人もいて、ますます男の子は食べられなくなる。「やめてくれ！」と悲鳴をあげています。この光景を見ると、つくづく二十一世紀に生き残るのは女性だなという思いを深くします。

そのとき菅原君という、当時は大学生だった塾生が私に一言いいました。

「今日、生まれて初めて『いただきます』という言葉の本当の意味がわかりました」

この言葉を聞いたとき、我が意を得たり、と思いました。鶏の解体をしたのは、塾生を困らせるためではありません。鶏の命をいただいたことを知ってほしかったからなのです。その命をいただかないと、人間は自分の命を守ることができないことに菅原君は気づいたのです。彼だって子供のときから食事のときは「いただきます」という言葉を使うことは知っています。しかし、それは頭で知っていることです。しかし、その日初めて、あの鶏の命をいただいた、だから「いただきます」なのだわかったのです。

そのとき参加していた白井という塾生の小学校四年生の息子さんは、非常に好き嫌いの多い子だったそうです。偏食ばかりしていたけれど、バングラデシュから帰ってきたら、偏食がピタッと止まったといいます。ただ一言、「かわいそう」といったそうです。せっかく命をいただいた限りは、食べてあげないとかわいそうだ。それで偏食しなくなったといいます。体験してみて初めてわかったのです。

こういう話をすると、「そんな残酷なことを経験させるなんて」という人がいます。しかし、ちょっと待ってくれと私はいいたいのです。あなたが鶏を食べている限りは、あなたが牛を食べている限りは、誰かがその一番嫌な仕事をかわってやってくれているのですよ、と。

体験をしないと、その苦労がわからないのです。自分でやってみて初めて苦労がわかる。だからこそ、私は、もっともっと教育の中で自ら体験して本当の意味を摑んでいく知恵の勉強が必要だといっているのです。それが人づくりの基本として大事なのではないかというのです。豊かな心をつくることで初めて、豊かな知識が生きてくる。そのことを知ってもらいたいと思います。

☆心の豊かさを教えられたホームステイ体験

志ネットワークのメンバーとともにバングラデシュに行くのは今年で八回目で、平成十八年が十周年になります。私は毎年、妻と一緒に行っていますが、去年は妻の都合がつかず、初めて一人で行くことになりました。ちょうどいい機会だから、ホームステイしてみようと思い立ちました。現地の人に「できれば電気のきていない家に行きたい」と申し出ると、「『できれば電気のきている家に行きたい』の間違いではないですか？」と聞かれたので、「せっかくの機会だから、電気のまったくきていないところに行きたいのです」というと連れていってくれました。

私が泊まったのは、アムライド村という村にある一軒の電気のきていない家でした。この村には毎年行っているので、青年塾と志ネットワークのことは村人達もよく知っています。

バングラデシュでのホームステイは初めてでしたが、すごく懐かしい気持ちになりました。「家路を急ぐ」という言葉が日本にはありますが、最近はもうそんな感覚がわからなくなっています。ところが、この村には「家路を急ぐ」という言葉の意味を感じさせてくれるものがまだ残っていました。

日が落ちてくると、電気がきていないから、田んぼや森の中から村人が一斉に村へ帰ってくるのです。それを見て、ああ、なんか懐かしいな、昔は日本もそうだったなと思い出しました。だんだん暗くなってくると、遊んでいた子供たちがお母さんに「食事ですよ」と呼ばれて、一人二人と家に帰っていく。ああ、これもなんとなく昔そんなことあったなと懐かしく感じました。

日が落ちると本当に真っ暗になります。家の中にはランプしかない。するとどこからともなくお経みたいな声が聞こえてきます。イスラムの国でお経もおかしいなと思って、その声が聞こえるほうに行ってみました。そこではランプの明かりを頼りに子供たちが勉強をしていました。実に姿勢正しく、大きな声で本を朗読しているのです。この家でも向こうの家でも、わずかな光のあるところではみんなが朗読をしている。これも懐かしい風景だなと思いました。

真っ暗な中を私がちょっと外へ出ると、そこの家の女の子が蛍を捕ってくれました。農薬を買うお金がないから、まだ蛍がたくさん生息しています。女の子が私の手の平に蛍を乗せてくれました。するとその蛍がホワーと飛んでいく。そして満天の星空の中に紛れて消えてしまう。地上は見渡す限り蛍の乱舞、空を見上げると満天の星空。バングラデシュは世界でも最も貧しい国ですが、なんと豊かなところかと静かに思いました。

明くる朝、顔を洗おうと思ったら、桶に水を汲んできてくれました。小さな手桶です。日本ならザブザブ水を流して顔を洗いますが、もったいなくて、コップ三杯ほどの水で顔を洗いました。三杯あったら顔は洗えるのだなとわかりました。と同時に、日本では当たり前のように湯水を流しっ放しにしている。

それをもって豊かというのはおかしいと思った次第です。

　私たち日本人は物質的には豊かになったけれども、分かち合うとか助け合うという心を失っています。でも、バングラデシュの人たちは貧しいから、分かち合い、助け合わないと生きていけないのです。貧しくても心が豊かな人々の姿を見たとき、あらためて心が豊かであるという意味に気がつきました。そのホームステイをして初めて心の底からわかったのです。

　若い諸君にもこんな体験をしてもらいたい。できるだけいろいろなところに行って、できるだけいろいろな体験を積んで、たくさんのことに気づいてもらいたい。それが私の青年塾の教育であり、また松下幸之助が松下政経塾で行いたかった人づくりの一つの大きなポイントであったに違いないと、今更ながら思うのです。

☆理屈ではないところに答えがある

以上述べてきましたように、心を育てる教育の基本は、〝知恵〟を磨くことです。知識の教育は、どちらかというと理屈が先行します。理屈が通らないとなかなか受け入れられません。それに対して知恵の教育は、理屈を超えており融通無碍《むげ》です。

一つの例をお話ししましょう。それは私が新入社員のときに松下幸之助から聞いた話で、松下電器が週休二日制を導入するにあたって話されたものです。

私の話を講演会で聞いた多くの人は、私がよほど松下幸之助に惚れこんで松下電器に入社したに違いないと思うようです。これだけ松下幸之助の話をしていますから無理もないのですが、実のところ、それは間違いです。私は昭和四十年に松下電器に入りましたが、入社の動機は極めて俗っぽいものでした。要するに、松下電器が昭和四十年から完全週休二日制を導入した、ここに最大の魅力を感じての入社でした。

松下電器が週休二日制の導入を発表したのは昭和三十五年です。まだ高度経済成長が本格化する前です。そのときに、松下電器は「これから五年間準備をして、昭和四十年に完全週休二日制を導入する」と発表したのです。月に一回とか隔週といったそんなケチくさい「五日制」ではないのです。すべての土曜・日曜は休みという完全週休二日制です。

世の中で物事をはじめるときに、「よそもやっているから、うちもやらないわけにはいかない」と思ってやることは大体失敗します。受身でしぶしぶやることはうまくいかない。同じ物事をやるのなら、他に先駆けてやる！　という気概がないと成功しないものです。「よそがやっているから仕方ない……」という受け身の姿勢でやることには力強さがない。だからうまくいかないのです。

松下電器が先陣を切って週休二日制を導入できたのは、ひとえに松下幸之助のひらめきからだと思います。松下幸之助は学歴がないから理屈にとらわれず、素直に現実を見て何から何まで自分の頭で考えるのです。だから非常に発想がユニーク。週休二日制も、そうした素直で柔軟な発想の賜物だったわけです。

先日、大学の同窓会で話をしてくれと頼まれたとき、私はこういいました。「知識については色々と大学で教えてもらったが、人生で大事なことは、ほとんど大学では教えてもらわなかった。人生で大事なことはすべて会社で教えられました」と。

そう考えると、大学の教育にはどんな意味があるのかと思います。知識ばかり、理屈ばかり覚えるから、世の中が狭くなってしまう。だから、高学歴社会の中で育った人は、理屈で理解できないことを受け入れようとしない。理屈で割り切れないと納得できず、行動できないのです。

物事を理屈で考えると極めて狭い枠の中に入ってしまうという一つの実例として、かつて松下幸之助とこんな話をしたことを覚えています。あるとき、

「君、松下政経塾は何人ぐらい受けに来るんや？」と松下幸之助から聞かれた私は、「まあ三百人ぐらいですかね」と答えました。すると「何人採用するんや？」というので「十人ぐらいとっています」というと、「そうか。二百九十人は落ちるんやな」といい、そのあとで「二百九十人に喜んで落ちてもらえ」というのです。

そんなこと無理だと思いました。どうして落ちる者が喜ぶことができるのか、と。理屈で考えると、落ちる者は悲しみ、合格する者は喜ぶとしか考えられません。落ちる者が喜ぶことなんかありえません。

松下幸之助はいいました。「喜んで落ちてもらえ。通る人はどうでもええ」。合格した人は放っておいてもいい。入ってからしっかり付き合えばいい。「大事なのは落ちる人や。喜んで落ちてもらえ」というわけです。しかし、理屈で考える私からすれば、喜んで落ちてもらう方法などあるものかと思うわけです。私は何年も考え続けました。最初は理屈で考えていましたから、「そんなこと不可能だ。落ちる人間が喜ぶはずない」としか考えられませんでした。

たまたま仙台でその話をしましたら、東北大学の卒業生の方が何人か私のところに来て、「松下幸之助があなたに話したことは本当だ」というのです。昔、東北大学から松下電器を受験した人が試験から帰ってくるとみんなニコニコしている。あまりニコニコしているので「通ったの?」と聞くと、みんな「落ちた」といったそうです。落ちてニコニコしているのはどういうことかと聞くと、「試験を受けに行って、あんなに親切にしてもらったのは初めてだ」と答えたそうです。この話を聞いて、なるほど、やりようはあるんだな、落ちても喜ぶことがあるのだなと思いました。

松下幸之助はいいました。

「試験を受けに来る人は縁のある人や。その人を受け入れられないときには、何か縁をつなぐような試験の仕方をしないといけない。縁が断ち切れるような試験をするのは商売人の試験ではない」

私は聞きました。

「どうしたらそういうことができるんですか？」

答えは単純明快でした。

「自分で考えろ」

といわれました。自修自得です。それでずーっと考え続けました。落ちた人に喜んでもらうなどといったことがどうして可能か。そしてついに答えを見つけました。

私はまず、松下政経塾の二次試験を合宿研修に変えました。それから、二次試験の受験者にこういう話をしました。

「皆さん方は二次試験のこの二日間だけは全員塾生です。中には二日間だけの塾生で終わる人もおれば、五年間塾生の人もいる。これは受け入れる側の容量の問題だから仕方がない。けれども、二日間といえども受験生ではなく、塾生です。そのあとは二日間塾生と五年間塾生に分かれるけれども、この二日間は塾生として人生の思い出に残るような時を過ごしてほしい」

そして、塾生と全く同じように、通常の講座を入れたり、海岸を走ったり、トイレを掃除したり、夜は酒を飲みながらみんなで天下国家を語って、寮に泊まってもらうようにしました。二日間の合宿が終わったときに、「私の人生であの二日間は本当に楽しかった。残念ながら松下政経塾とはそれ以来縁がなくなったけれど、あの二日間の体験は忘れられない」という試験であれば、落ちた人も松下政経塾のファンとしてつないでいけると考えたのです。

これが、松下幸之助に「喜んで落ちてもらえ」といわれて、長い間悩み苦しんだのちに、ようやく思いついた方法でした。

松下幸之助とはこういう禅問答のようなやりとりを何度もしました。そういう禅問答の一つひとつが人生の勉強でした。大学で教えられた理屈だけでは絶対に答えが見つかりません。理屈に合わないことがなかなか受け入れられなかった私にとっては、非常に印象的な出来事でした。

さて、話を週休二日制に戻します。松下幸之助が週休二日制を導入しようとしたきっかけは何か。これが面白いのです。

松下幸之助は昭和二十年代に初めてアメリカに行き、いろいろな会社を見て回りました。そのとき、日本なら三人でやる仕事をアメリカでは一人でやっているのを見てびっくりします。受付の女の人が、受付をしながらタイプを打って、電話交換をしている。日本では受付係と電話交換手とタイピストの三人が必要なのに、その三人分を一人でやっている。この姿を見て、びっくりするのです。

そして、このへんも理屈で考えるのではなく、現実をありのまま素直に見ることができる強みですが、「これだけ働いたら、週二日休まんと身がもたんな」と思ったそうです。これを専門用語では「生産性が高い」といいます。

しかし、松下幸之助はそんな難しい言葉はあまり使いません。ただ、「この国とこれから競争して勝とうと思ったら、週二日休まないと身がもたないぐらいに中身の濃い仕事をせないかん」と思った。それで週休二日制の導入を発表したのです。

私は入社前にはそんな裏話は知りませんでした。だから、ただ単純に週休二日制ならたくさん休めるなと考えて、松下電器に入ったのです。


私が社会人になって学んだことは、「学ぶ」というと知識を増やすことばかりを考えてきたが、知識を増やすだけが学びではないということです。理屈や知識では割り切れないところに、学びの本当の意味があるのです。

〝生きた学び〟あるいは、〝現実に生きる学び〟こそが、実社会においては大切であることを、社会人になってしみじみと実感しました。そして松下幸之助は、〝知識のエリート〟ではなく、〝生きた知恵のエリート〟であると思うようになりました。

松下幸之助の言葉によれば、「知識を否定するわけではない。ただ、知識は道具にしか過ぎない。その知識を現実に生かしてこそ、初めて値打ちが出るのや」。

私は、青年塾で、何よりも現実に生きる知恵を持った人を育てたいと考えました。

知恵はどのようにすれば身につけられるのか？　私は、人の話を聞いたり、本を読んで習得するのは、知識のレベルの学びだと思います。現地現場で、自らの体験を通じて、体に刻み込むような学び、それが知恵の勉強法だと思っています。青年塾は、常設の教室は持ちません。もちろん、持つだけの資本力がないこともあります。しかし、実際には、常設の教室など必要ないのです。知恵の勉強は、現実の世の中を教室にするのが一番いいのです。現実の社会の中で、しっかりとした問題意識を持ち、志を育むなら、額に汗をして体験することが最も効果的な学びになります。

青年塾は、知恵を磨く道場なのです。

松下幸之助は九歳までしか学校へ行っていません。その意味では知識を中心とした学校教育をほとんど受けていません。しかし、実社会という教室で、体験を通して学ぶ知恵の勉強は人一倍やってきました。そしてその勉強を通じて、人間に対する深い洞察力を身につけました。だから〝経営の神様〟になれたのです。知恵のエリートを育てたい。それが私の願いです。

第五章

誇りある生き方とは何か

――使命感を育てる

☆生きるモデルを歴史に見つける

「志を教える」ために、青年塾でもう一つ力を入れていることは、時代を知り、歴史を知ることを通じて自分を知ることです。私たちは現代という〝時代の子〟であり、過去から現代を通して未来への流れの中に生きる〝歴史の子〟でもあります。現代を知り、歴史を知ることによって、自分の存在の位置が見えてくるのです。

最近、歴史を地域から学ぼうという企画を立てました。研修の場所は愛媛県の松山市。松山講座と名づけた研修です。なぜ松山なのかといえば、これには伏線があります。

松山講座を開く前に、青年塾で司馬遼太郎さんの『坂の上の雲』をテーマにした読書を一年かけて続けてきました。『坂の上の雲』を選んだのは、『文藝春秋』に掲載されていた、明治以来、今日までの日本の近代で代表的文学作品をランキングするという企画がきっかけです。その一位が司馬遼太郎さんの『坂の上の雲』だったのです。それを見て私は、明治以来の第一位に選ばれた作品なら一回読んでおく必要があるだろうと考え、青年塾の第八期生は一年かけて『坂の上の雲』を読もうという研修計画を出したのです。

『坂の上の雲』は文庫本で八巻あります。読書は四回に分けて、毎回二冊ずつ読んでいきました。これは異例の長さでした。

青年塾をはじめたころ、私は最近の青少年の読書力をいささか低く見ていたことは事実です。いつもマンガばかり読んでいる人が急に小さな活字がぎっしり詰まった難しい文章を見ても読めないだろうと考えていたのです。だから課題図書としては一回で読み終えるような、できるだけ薄い本を選んでいました。

しかし、若い人も興味が乗ってくると、活字のいっぱい詰まっている文章でもどんどん読みます。そこで今回は文庫本八冊の大作に挑みました。

それと同時に、司馬さんの文章に惚れたのです。近代日本で一番日本人の志が高かったのは日露戦争のころだと司馬さんはいっています。それは私がどうしても知りたかったことでもあります。当時の日本人はどういう精神を持っていたのか、それを知りたいと思っていたのです。

そこで『坂の上の雲』全八巻を読んで、百年前の日露戦争について知るとともに、あの時代に生きた日本人の価値観や精神、さらに言えば「志」を是非勉強しようと、この本を課題図書に選びました。

読んでみて、当時の日本人は確かに精神的レベルが高いなと感じました。そこでさらに発展させて、小説の一場面を青年塾の塾生に演じてもらったらどうかと考えたのです。塾生は回転寿司店の店長とかカー用品店の店員とか、ごくごく普通の青年たちばかりです。その人たちを五つのチームに分けて、劇団を作らせ、そしてそれぞれの名場面を演じてもらったのです。

場所は松山駅近くの高島屋ローズホールを選んで、松山市長にも見てもらいました。そういう大胆さというか厚かましさだけは、私は誰にも負けません。

実際に各チームごとに演じてみてもらったら、みんな本当にいい芝居をしました。若い人が歴史の名場面を演じると、今時の若者とは思えないような凜々《りり》しさがあります。ファッションではなくて、精神が蘇ってくるように感じられました。また若い人というのは、そこまでやるかというほどのりがいいから、大いに盛り上がりました。結局、連合艦隊の解散式の様相を演じたチームが一位をとりましたが、東郷平八郎が詔勅を読む場面などは圧巻でした。それまでは誰も東郷平八郎や連合艦隊のことなど知らなかったのに、演じている姿を見ていると惚れ惚れしました。

そのような方法で歴史を知る試みをしてみたのです。歴史を学ぶと何がいいかといえば、当時の人の生きざまがわかってきます。最近びっくりしたことがあります。若者に「尊敬する人は誰ですか？」と聞いたところ、「お父さん、お母さん」「職場の上司」を挙げる人がほとんどだったというのです。ああ、最近はお父さんお母さんも立派になったもんだと思いましたが、違いました。それ以外の人を知らないということの裏返しなのです。だから、イメージができない。理想の生き方を思い描きようがないわけです。

歴史を紐解けば尊敬できる偉人はいくらでもいます。そうした人たちの生き方に触れ、自らの望む生き方に重ねてみれば、必ずや自分の生きる方向が見つかると思うのです。そこに歴史を学ぶ大きな意義があるはずです。

☆歴史教育は人間の視野を広げる

この尊敬できる人については、最近、驚いたことがあります。ある高校へ行ったときに聞いた話ですが、学校に入学するときに尊敬する人を聞くことが禁じられている県がいくつもあるというのです。それが差別になるからという理由だそうですが、どうして差別になるのか不思議でなりませんでした。

そのことを広島に行ったときに話したら「広島も一緒です」といわれました。本当におかしな話です。

尊敬する人物をしっかり持つということは、今もいったように生きるモデルを持つということです。たとえば私は正岡子規に憧れ、宮沢賢治に憧れました。憧れの人物を持つことで、自分の生き方のモデルを形づくってきたように思います。

子供のときにはキュリー夫人の伝記を読んで刺激を受けました。キュリー夫人は子供のときにとても苦労をしています。寒くて眠れないときは、暖をとるために自分の寝具の上に椅子を置いて、椅子の重みで寒さを我慢したというくだりを読んだときには、早速真似をしました。それを見た母親がびっくりして「何してるの？　椅子の下に寝て？」というので、「キューリー夫人や」と答えたことを覚えています。

いろんな人物を知ることによって、自分の生きていくモデル、まさに志の原型を学んでいたと思うのです。

今はそういう勉強をしなくなったために、生きるモデルが見つからずに悩み苦しんでいる子供が多いように思います。私が青年塾で歴史の教育をしっかりやっていきたいというのも、そういう生きるモデル探しが一つの目的です。実際に歴史を学んでみると、意外に若い人たちは興味を示してくれますし、よく勉強してくれます。それを私は大変嬉しく思っています。

たとえば、かつて「東京裁判」のことを勉強したとき、たまたま研修場所が箱根でした。箱根には、「東京裁判」のときに日本の無罪を主張したインド人のパール判事の記念館があります。塾生諸君は、その記念館を見学に行きましたが、ほとんど訪れる人のいないことに驚き、「日本からすれば恩人とも言うべき人を忘れてはならない」と、毎年、みんなで記念館の大掃除をするようになりました。これは今も続いています。

昔のことがわかってくると、今起きていることの意味がわかるようになります。そして、昔のことがわかり、今のことがわかってくると、未来に対する関心が出てきます。逆にいえば、歴史がわからないから今起きていることの意味がわからない。歴史と今がわからないから、将来のことに関心が持てないのです。その結果、「今さえよければ先のことはどうでもいい」「自分さえよければ人のことなどどうでもいい」という考えを持つ日本人が増えているのです。

これは当然ではないかと思います。視野が狭くなっているのです。視野を広げるためには、まず歴史の教育に勝るものはない。そういう考えで私はやっています。

☆自己変革こそすべての改革の原点である

私は、松下政経塾で十四年、そして青年塾で九年、合計二十三年間人を育てる仕事に携わってきて、最近やっと気づいたことがあります。それは「他人は変えられない」ということです。過去を振り返ってみると、「俺がなんとかしてやろう」と思って取り組んだことはほとんど挫折しました。肩に力を入れれば入れるほど、空回りしていくのです。「お前に変えられてたまるもんか」という感じで、相手に受け入れてもらえない。人を変えてやろうと思えば思うほど、空回りしてくる自分がいる。それと同時に、人を変えてやろうと思えば思うほど、人を批判的に見ている自分がいることに気づきました。

それを思い知らされた私は、どんどん落ち込んでいきました。そして本当にやっと気がついたことは、他人を変えることはできない、ということでした。

では、どうすればいいのか。考えた末に私が見つけ出した答えは、自ら省みて自らを変えるしか方法はない、ということです。人生において、自分の責任で変えられるのは自分しかいない。自分を変えるのは難しいという人もいます。しかし、どんなに難しくてもそれしか方法がない。そのことにやっと気がつきました。

そして、これが一番の精神の自由ではないのかと思ったのです。人にいわれて変わるのではない。自分で気がついて、自分から変わってみせる。見方によっては、これ以上の精神の自由はないのではないかと感じるようになりました。大事なのは自己変革です。自分から変わる勇気を持つことが、すべての改革の原点です。「どうも私は物事がうまくいかない」という人は、どこかに物事がうまくいかないような考え方をする自分がいるはずです。そのときに自分自身を振り返って、自分で自分を変えていく。これ以外に人生をよくしていく道はないのです。

だから青年塾は、私が教え導いて塾生を変える場ではありません。塾生自ら気づいて、自分で自分を変えていく場なのです。

それについて、最近、私の考えは間違っていなかったと自信を深めた出来事があります。

中学、高校、大学とまったく同じ学校に進んだ同級生で、京都大学の副学長になった東山紘久氏という知人がいます。彼は心理学者の河合隼雄さんの愛弟子《まなでし》で、臨床心理学の大家です。その彼が同窓会の会報に「自己変容」という言葉を使って一文を寄せていました。それを読んでみて、私が自己変革としていっていることとまったく同じであることにびっくりしました。それと同時に、心理学にはまったく素人である私の考えてきたことが、心理学の専門家の考えていることと同じであることにちょっと自信を得たのです。

東山氏の文章には「人格を鍛えることとは、ものすごく難しいことです。われわれサイコセラピーで人格の変容ということをいいますが、本当に難しい」とあります。私は自己変革といい、東山氏は自己変容といっています。

☆よい継続はよい体質をつくる

彼は「人格を鍛えるためには、二つの道がある」といっています。一つは、とにかく続けること。自分が変わろうと思ったら、とにかく「これをやろう」と決めたことをやり続ける。

これは松下幸之助の言葉でいえば、「志を持つことも大事だけども、もっと大事なことは志を継続することや」ということになります。

松下政経塾の塾生の心得の最初には「素志貫徹のこと」と書いてあります。成功の要諦は、成功するまで続けるところにある、ということです。

これも理屈で考えるとわからない言葉です。ある塾生が質問しました。「塾長、途中で死んだらどうなりますか？」と。これには松下幸之助も唖然としてましたけれども、理屈で考えると、そういう話になってきます。

けれども、確かに途中でやめるから失敗になるのです。いったんこれぞと思ってやりはじめたことをどこまでも継続すれば、必ず自分が変わっていく。株式会社イエローハット相談役の鍵山秀三郎さんの言葉を借りるならば「凡事徹底」です。継続してやり続けることが自分を変えていくことにつながる。平凡な人間ができる一番すごいことは、続けることではないかと思うのです。

具体的にいいましょう。皆さん、今晩から毎日酒を飲んでください。絶対欠かさずに飲んでください。どんなに辛い日でも、必ず飲んでください。五年したら間違いなくアル中になります。これはどういうことか？　継続は体質を生むということです。悪いことを継続すれば、悪い体質が生まれるのです。そして、よいことを継続すれば、よい体質が生まれます。

これは会社の体質も一緒です。よい経営体質をつくろうと思ったら、みんなでよい実践を徹底的に継続すればいい。難しいことではありません。

松下政経塾の塾生や出身者が、政治活動として駅前などでマイクを持って演説をしているのを見かけます。最初はみんなから「うるさいやつだ」という目で見られます。それで「嫌だな。俺は違う方法でやろう」と思って、やめてしまう人もいます。でもそれを我慢して、とにかく一日も欠かさず一年もやり続けると、行為そのものは同じでも、その道を通る人たちの見る目が変わってきます。「熱心だな」という目で見るようになる。そこからさらに三年ぐらい一日も欠かずに続けていけば、「すごいやつだな」といってくれるようになるのです。

凡人がすごい人間になれる方法はこれしかない。継続によって自分が生まれ変わり、自分を見る世間の目が変わってくるというのはこういう意味です。

富士山の登山と一緒です。最近は、車で五合目まで行けますが、一番下から歩いて登ると考えてください。たとえば富士吉田から登りはじめたとして、一合目二合目ではほとんど下の景色は見えません。とぼとぼとぼとぼ歩くだけですから、だんだん疲れてきます。ここはだめだと考えて下りてきて、今度は御殿場から登りはじめる。また二合目ぐらいまで登るけれども、やはり景色は見えない。再び下りてきて、今度は富士宮から登ろうとするけれど、また二合目で挫折してしまう。そして結局、登れないまま断念してしまう。

このように、下のほうで行ったり来たりして終わるケースが多いのです。しかし、その困難に耐えて登り続けると、やがて頂上に出る。そこで初めて大きな感激を味わうことができるし、自信も得られる。また、違う道から来た志を同じくする人とも出会えるのです。

そういう意味で、一度はじめたことを継続することが成功の要諦となるのです。

☆継続は気づく力を生む

私はデイリーメッセージという形で日々気づいたことを書き続け、それを発信し続けています。そのデイリーメッセージが今日現在で四千九百十二号、もうすぐ五千号になります。今日のデイリーメッセージは「社長の講演」というテーマで、社長が社外での講演活動に忙殺されはじめると会社がおかしくなるという話を書きました。

この話は昨日お会いした〝おかめ納豆〟で有名なタカノフーズの高野英一社長さんに聞いた話がヒントになっています。高野社長のお母さんは偉い方で、高野さんに講演依頼が殺到してちょっと天狗になりかけていた時期に、高野さんを呼んでいったそうです。「社長が講演に力を入れたら、会社は潰れるよ」と。その一言で高野社長は気づいて、それからは講演は基本的にはやらなくなったというお話をしてくれました。今日はそれを「社長の講演」というテーマでデイリーメッセージに紹介させてもらいました。

高野社長は去年、茨城県の教育委員長を務めておられたのですが、その間は絶対に会社の業績を落としてはならないと必死で頑張ったそうです。そのせいで、例年より業績よかったといいます。社員も非常に緊張感を持って仕事をして、大変いい経営ができたという話を聞きました。

私は、これはいいネタだと瞬時に思いました。デイリーメッセージは毎日書くものですから、ネタ探しが大変です。ですから、どんな話でも何気なく聞いているわけにはいきません。何を見ても何を聞いても、いいネタはないかと、いつも探しています。それでわかったことは、継続は気づく力を生むということです。

気づく人間になろうと思ったら、何かを継続すればいいのです。毎日車を磨いていれば、ちょっとでも車体に傷がついたら、すぐにわかります。一週間に一回だと「あれ？　この傷はいつついたんだろう？」となります。すべて人に任せていると、いつまで経ってもわかりません。まさにそういう意味で、継続は気づく力を生む。そして気づく力が一番大事な力だと、松下幸之助も教え続けたのです。

自己変容の第一は、継続すること。志を持っての継続です。何も目標がなければ継続は難しい。やはり何か志を持つこと。自分の人生でやり続けようということを何か一つ持つ。それは自分が変わっていく大きなポイントになるはずです。

例えば、富士山に登りたいという一つの大きな目標（志）を持ったとしましょう。目標を持つだけでは、いつまで経っても頂上には到達しません。大きな目標を持つと同時に、目の前の一歩をしっかり歩き続けるという行動の継続があって初めて頂上に立つことができるのです。

私の人生で少し自信が持てたとしたら、このデイリーメッセージを五千日間続けられたということです。これが生きていくうえでの自信になったと感じています。自らの体験からも、継続が志の実現、そして自己変容につながるということを私は確信しています。

☆人が嫌うことを進んで引き受けられるか

次に、人格を鍛えるもう一つの道は、人が嫌がること、人がしたくないことでも、みんなのために大事なことならば進んで引き受ける気持ちを持つことだと、臨床心理学の専門家である東山氏はいっています。これは本当に大事な指摘です。

もう一度東山氏の文章を引用します。

「嫌なことだけど、誰かがしなければならないことって世の中にある。必ず誰かがしなければその組織なり、そのことが前に進まない、そういうことが起こっている時に、もしあなたが頼まれたら、断らない。嫌なことやしなければならないことは、必然的な本質というものがそこに隠されている。その本質に迫ることができれば嫌なことは嫌でなくなるし、それは喜びにも変わる。これはあなたの人格を高めます」

青年塾ではこのことを「一歩前へ」と表現しています。これは青年塾の合言葉です。ただし、この「一歩前へ」には前提があります。人がみんな一歩下がったときに、一歩前へ出るということです。バーゲンセールなどでみんなが競い合ってワーッと前に出て行くときに一歩前にいこうとすると、修羅場になります。だから、みんなが一歩前に出たときには、逆に一歩後ろへ下がる。「どうぞお先に」という心です。しかし、みんなが一歩下がったときには、「いいですよ、私がやりましょう」といって一歩前へ出る。

これも志の出発点ではないかと思ったのです。だから青年塾の合言葉は「一歩前へ」です。本当は、「僕は手を挙げたくない。この忙しいときに青年塾の実行委員を引き受けたら、下見には行かなくてはいけないし、いろいろ資料も作らなくてはいけない。ろくなことないから、とにかく手を挙げるのはやめておこう」とみんな思うはずです。そのときに、「ちょっと待てよ。誰かがやらないとみんなが困るな」と考えて「いいですよ、僕やりますよ」と手を挙げる。それが「一歩前へ」の精神です。

みんなのために必要であれば、多少自分が犠牲になってもいいから、それを買って出るという心意気。それは東山氏がいう「みんなが嫌うことを進んで引き受けられるという気持ち」と同一のものでしょう。これは志の第一歩であり、東山氏のいう自己変容の二番目の手段である。

一つは継続。そしてもう一つは、みんなのために、本当にそれが必要とされるならば進んで引き受けることができるという気持ち。これが自己変容の道だと東山氏が書いているのを見て、青年塾でやっていることも間違ってなかったかなと、あらためて感じました。まさにすべての原点は自己変革、自己変容にあるのです。

☆日常生活こそ最高の教育の場

今の二つの道をよく考えてみると、極めて平凡なことをいっています。そして、それが一番必要とされる場所はどこだろうと考えてみて、気がつきました。「そうだ。それは日常生活だ！」と。単純な繰り返しだけれども本当に必要なことで、誰もやりたがらないけれど誰かがやらなければならないこと。これはすべて毎日の生活の中にあります。

たとえば、お母さん方は「今日は食事なんか作りたくない」と思っても、子供の「腹減った」という一言で、嫌でもみんなのために食事作りを引き受けなくてはならない。この生活の場面こそが、自己変容にとって一番大切な場ではないかと気がついたのです。

東京の東久留米市に自由学園という学校があります。今から八十年以上前に、日本で最初の女性記者であった羽仁もと子さんが、ご主人の羽仁吉一さんと共に創設した学校です。この学校は、〝人間の生地《きじ》〟をつくることを教育の理想とする、すばらしい人間教育を進めています。私の次男がこの自由学園で学ばせていただいた関係から、私もしばしば学校へ行きました。

自由学園の教育の中に「生活即教育」という言葉があります。言葉は前から知っていましたが、その意味がわかるのに二十年かかりました。「生活即教育」を裏返していえば、普段の生活をしっかり励むことが人格形成にとって一番大事な研修の場になる、学びの場になるということなのではないのか、ということになります。二十年かかって、私は初めてそれに思い至ったのです。

家事とは繰り返しです。掃除も繰り返しです。生活はすべて繰り返しなのです。疲れているときでも辛いときでも、誰かが家族のためにやらないと回っていかない。それがまさに生活の場です。自由学園が「生活即教育」というのは、そういう意味なのではないでしょうか。英語で言えば、生活はライフ、すなわち生命です。そして漢字で「生活」は生きること、活きること、生かすこと、まさに生命です。生活は〝いのち〟なのです。

われわれは、新しいことや目新しいことや変わったことや特別なことに、あまりにも目を向けすぎているのかもしれません。時代に踊らされているのです。地に足をつけるということはそういうことではない。極めて平凡な普段の生活をしっかり励むという意味なのではないのでしょうか。そして、その基本に戻らないと、本当の意味で地に足のついた人生にはならないのではないかと気づかされました。

私の青年塾は二つのカリキュラムに力を入れています。一つは掃除です。そしてもう一つは食事作りです。考えてみたら、生活の基本はこの二つです。食べるものをしっかり食べて、身の周りをきちんと片づけておけば、地に足のついた人生を生きていけます。それに気づいてから、生活の二本柱とは食事作りと掃除ではないかなと思うようになりました。だから青年塾では、生活に根ざした学びを重視し、この二つを研修の大切な柱にしています。

掃除は私もできますけれども、食事作りはまったくできません。食事作りは妻が担当しています。その食事作りも、手間隙をかけるということを基本にしています。食事作りは命づくりであるという考え方から、インスタント食品とかバーベキューといった簡単なメニューにはしないのです。

食事は餌ではない。命を育む食事作りをしっかりと塾生に覚えてもらいたい。青年塾の食事作りから学んだものを、家へ帰って家族のために実践できるような献立にしたい。単にお腹がいっぱいになればいいというのではなくて、家庭における食生活の立て直しのために、少しでもいい刺激を与えたい。そういう妻の思いもあって、食事作りには大変力を入れています。

☆幸せとは便利なことではない

今は「崩食」の時代といわれます。昔は腹いっぱい食べることを「飽食」といいました。それが今は字が変わって、「崩」れる「食」事で「崩食」になっています。つまり、家庭から食生活が崩れ去っているのです。聞くところによると、包丁さえない家があるそうです。おかずを全部デパートのお惣菜《そうざい》売り場で買ってくるから、初めから切ってある。だから包丁がなくても差し障《さわ》りはない。

これを聞いて私は思いました。そういう問題ではないのだと。庖丁の音はお母さんの音なのです。子供のころを思い出すと、家に帰るとトントントントン……と庖丁の音が聞こえてきた。その音を聞くと、家に帰ってきたなという気持ちと、「あ、母ちゃん元気だな」という安心感がありました。

また、朝、目を覚ましたら台所からトントントントン……と庖丁でまな板を叩く音が聞こえてきた。そこになんとなく母親を感じていたように思います。ところが今は違います。ただ便利さばかりを追求した結果、家の中から包丁の音が消え、それとともに食生活が崩れさってしまいました。この現実は、教育とは何かを考える場合にも大変重要な意味があることのように感じられてなりません。

幸せと便利とは違います。もう一回、日本人はそれを確認しなくてはだめです。便利であることが幸せであるというのは大きな錯覚です。幸せのためにはどうあるべきかと考えたとき、不便であっても、それが幸せにつながることがたくさんあります。

そうした考え方に、もう一度、目を向けていかなくてはいけない。便利になったけれども不幸になった、ということが非常に心配です。冒頭にいいましたように、すべてにおいて根本に立ち返る時代になっているのではないかと感じます。

☆この世の中に無駄な人は一人もいない

最近、気に入っている本に『いのちのまつり――「ヌチヌグスージ」』（草場一寿・著、絵・平安座資尚／サンマーク出版）という本があります。この本は、「ご先祖さまって何人いるの？」と指折り数えるところからはじまります。

本の内容を私なりに解説すると、こんな感じです。

「あなたが生まれるまでにはお父さんとお母さんがいて、お父さんとお母さんの上には、おじいちゃんとおばあちゃんがいて、そしておじいちゃんとおばあちゃんにもお父さん、お母さんがいて……。みんながいるから、あなたが生まれてきたのよ。お父さんとお母さんがいて、あなたが生まれたんじゃなくて、あなたのご先祖の誰一人が欠けても、あなたは存在しなかったのよ。あなたが生まれるまで、どれほどの命がつながっているか」

これはいい答えだなと思いました。子供が「私なんか産んでほしくなかった」といったら、すぐこの絵本を持っていけばいい。「何を言っているのですか」と。「あらゆる命が凝縮して、あなたがあるんですよ。この中の一人がおらなくても、生まれてこないんです。この中のどの一人が欠けても、今日のあなたがいない」と考えたときに、実は自分一人で生きているようだけれども、そうではない。遠く過去にまでさかのぼった数多くの命のすべてが凝縮された中に自分が生きているということがわかるのです。

命とは何かを教えるのにはとてもいい絵本であり、教育の原点を教える絵本であると思って、あちこちで紹介しています。

要するに、一人ひとりの人間を見るときに、この世に無駄な人は一人もいないという見方をすることが教育の一番根本にあるべき人間観ではないかと思うのです。私も政経塾で仕事をしたのでよくわかります。自分のいうことを聞かない人は邪魔な人、悪い人に見えるものです。「あいつさえいなかったら」という気持ちにもなります。だからどうしても、より好みをしてしまう。それが教育においては、教える側の一番の障害になるのではないかと思います。

そのため小者《こもの》が小者を集める傾向が出てきてしまう。たとえば面接をして人を選ぶときに、自分の手に余るような人は全部落としていってしまうわけです。そして自分のいうことを聞きそうな人ばかり集めていく。小者が小者を選ぶから、もう雑魚《ざこ》しか集まってこないのです。どうも人間には、そういう傾向があるようです。

そういう考えから、青年塾ではあえて入塾のときに塾生を選抜しないと決めました。それは私自身の挑戦です。ある程度の基準を設けて選考したほうがいいという考え方もありますが、敢えて青年塾では選考をしない。そしてすべての人を受け入れることにしました。そうしないと、本当の意味での力強い教育ができないのではないかと考えてのことです。

この考え方は松下幸之助が人づかいについて話したことと共通しています。

それはこんな話でした。昭和の初めごろに、会社の中にいうことを聞かない社員が何人かいたそうです。松下幸之助はそれが気になって気になって仕方がなかった。辞めてくれないかな、どこかへ行ってくれないかなと、そんなことばかり考えていた。そう思うと、ますます気になってきて、余計に彼らとの間の溝が大きくなっていく。そのときに、ふと、「ああ、そうか。天皇陛下も我慢しているな」と思ったというのです。

このあたりが松下幸之助らしい、面白いところです。戦前の、日本で天皇陛下が一番偉いとみんなが思っている時代の天皇陛下です。その陛下が苦労しているとはどういう意味か。

「日本にも、天皇陛下から見たら気に食わん奴や悪い奴がいっぱいおる。でも、出ていけとはいわんな。全部日本の中に抱え込んでいる」

というのです。そして、

「天皇陛下でも我慢していることを、一民間経営者の自分が『あれ嫌、これ嫌』と贅沢いったらあかんな」

と思ったそうです。実にこの辺が、松下幸之助の発想法の面白いところです。苦労して、苦労して、考えに考えているうちに、そういう見方ができてきた。すると、急に気持ちが楽になったというのです。

自叙伝には、こう書いてありました。

「それから以降の松下電器は、自分でも信じられないぐらい、人を大胆に使えるようになった」

私はこの話から、教育の根本というのは深い人間観に関係するものなのだということを学びました。

この世に無駄な人は一人もいない。すべての人はかけがえのない命の凝縮として存在している。身体の不自由な人でも、心を閉ざしている人も、自分に向かって攻撃的な人も、それらは個性であって、人間としての値打ちは同じであると考える人間観が、人を教え導く立場にある人には求められるのです。

☆子孫のために何を残せるか

この間、和歌山県の串本に行きました。そこで感動する出合いがありました。紀伊半島の突先の大島に樫野崎《かしのざき》灯台という灯台があります。そのすぐ側にトルコ記念館という建物が建っています。なぜこんなところにトルコの記念館があるかと不思議に思って足を運んでみたら、そこには感動的な話がありました。

明治二十三年のことです。トルコの軍艦エルトゥールル号が日本にやってきました。ペリーの来日をきっかけに開国した日本には、それ以来、続々と外国船が訪れていました。そこでトルコも遅れてはならじと急遽日本に軍艦を派遣したのでしょう。そして何カ月か江戸に滞在したのち、九月になると突然本国に帰ることになりました。

九月は日本では台風シーズンです。だから日本人は「今、帰るのは危ない」と引き止めたのですが、彼らには何か事情があったのか、無理やり帰っていきました。そして案の定、台風に遭遇したのです。老朽した軍艦であったらしく、潮岬の沖で座礁してしまい、乗船していた七百人あまりの軍人のうち五百八十人もの人が死んでしまいました。助かったのは六十九人だけ。

当時のことですから、付近は貧しい漁師さんの村しかありませんでした。しかし村中の人が今日食べるものに事欠く中で、彼らは自分の家にある食べ物をすべてトルコの人たちのために提供したのです。私だったらこういうでしょう。「おいおい、ちょっと待て。子供のこともあるから、それは置いとけ」「うちが食べるのに精一杯なのに、そんなもの出すな」と。ところが、貧しい漁村の人たちはすべて投げ出して、献身的に六十九人の軍人さんの命を助けたのです。

それだけでも、大したものだと思いました。ところが、それで終わりではありませんでした。この漁師さんたちの行為が今日に至るまでトルコと日本の関係を非常によくしていくのです。たとえば日露戦争のときです。ロシアのバルチック艦隊が喜望峰を回って日本にやって来るというとき、トルコはバルチック艦隊がトルコ沖を通過した様子を日本に詳しく教えてくれました。そしてこういうのです。「あのときのご恩返しです」と。

最近も似たようなことがありました。一九八五年のイラン・イラク戦争で、フセインがイラクの上空を飛ぶ飛行機は全部撃ち落とす、四十八時間以内に外国人は退去せよと命じました。世界中の国々は急いで飛行機を飛ばして自国の国民をイラク国外へ連れ出しました。ところが日本政府は準備が遅れて間に合わなかった。その結果、二百十六人の日本人がバグダッドに取り残されることになりました。

そのときに救援に向かってくれたのがトルコでした。トルコ政府がトルコの飛行機を飛ばして、二百十六人の日本人を全部救い出し、国外に連れていってくれたのです。そのときもトルコ政府は「ご恩返しです」といいました。

明治時代に受けた恩を今日まで大切にしてくれるトルコというのは大した国だと思います。それとともに、明治の初めの日本人には、自分たちが豊かな暮らしをしているわけでもないのに、困っている人を見過ごせないという気概があった。そのことにも感動します。辺ぴな片田舎に住んでいる普通の人に、それだけの志があったのです。その志が一九八五年になっても、「ご恩返しです」という形で後世のわれわれのもとに返ってきている。それを考えたら、先人のお陰ということを感じないわけにはいきません。

もちろん自分のことも大事です。今日のことも大事です。でも、どこかに「五十年後、百年後の子孫のために、何か残していこうよ」という気持ちを持ってもらいたいのです。それが現代の日本人が持つべき志の第一歩ではないかと私は思います。

私たちは、今のままでも少なくとも二つのものを子孫に残せます。それは何か。まず第一に借金です。百年後にも膨大な借金が残ります。子孫には恨まれるでしょう。二〇〇五年ぐらいに生きていた日本人は自分たちのためだけに、どんどんどんどんどん借金をつけ回したとんでもない奴らだ、と蔑《さげす》まれることは間違いありません。実際われわれは、国家の財政さえ破綻してしまうぐらいの借金を、子孫につけ回しにしているのです。そしてもう一つの遺産は膨大なゴミです。これも間違いなく残ります。このままいけば日本列島のどこを掘ってもゴミ屑が出てくるようになるでしょう。

先人から多くのご恩を受けておきながら、自分のつけを子孫に回していくというような生き方をしていていいものなのか。果してこれは許されることなのでしょうか。私は恥ずかしい生き方だと思います。

松下幸之助はこういいました。

「志を立てれば、これほどやりやすい時代はない」

食べることに事欠く時代は志を立てるどころではなかったのです。人の面倒をみてやろうと思っても、自分のことで精一杯だった時代に志を問うことはなかなか難しかった。

それに比べれば、今の日本には基本的には食べるに困るという不安はありません。贅沢すぎるほどの暮らしをしています。子孫のために、あるいは世界中の困っている人のために、一肌脱ごうと志を立てることは、そんなに難しくはありません。

むしろ、それが日本人の使命であるといってもいいくらいです。そういう志を実践していけば、日本は必ず世界の中で輝く国になるはずです。

松井やイチローを見てください。彼らは野球をして適当に金儲けできればいいと考えて大リーグに行ったわけではありません。日本で成功しただけでは飽きたらない。日本の松井やイチローではなくて、世界の松井、世界のイチローになりたいと思いを新たにして海を渡ったのです。

最初は非常に苦労したと思います。技術的なことだけでなく、言葉の問題、生活の問題もあったでしょう。けれども、その苦労が実って今や世界の舞台で堂々と活躍して、数多くの人たちに夢と勇気を与えています。

今は志を持てば世界に手が届くという時代なのです。「志を立てれば、これほどやりやすい時代はない」という松下幸之助の言葉を誰もが自分のものとして実現できるのです。

そんな可能性にあふれた時代に生きているわれわれは、今こそしっかりとした志を持たなくてはならないのだと思います。先人の功績を汚すことなく、また後世の人たちに「二〇〇五年ぐらいに生きた日本人は偉かった」と感謝されるような生き方を是非とも求めていかなくてはならないのです。

資料

『青年塾』のこれまでの歩み

《志ネットワーク》から生まれた『青年塾』

『青年塾』は、もともと、《志ネットワーク活動》から生まれたものです。そのために、『青年塾』を語る時には、まず《志ネットワーク》とは何か、どうして生まれたかについて説明しなければなりません。

◇平成四年、『経営の志ネットワーク』を設立

私が、「世のため人のために生きることを願う人たちの絆を結ぼう」と立ち上げたのが、『志ネットワーク』です。考えてみれば、日本には、そこに加わ

れば利益を共有できる〝利益のネットワーク〟は数多くあるが、社会をよくするために力を合わせていこうというネットワークが余りにも少ないと思いました。それが、志のネットワークを立ち上げた最大の理由です。

平成四年に設立した当初は、『経営の志ネットワーク』と称していました。その言葉の通り、経営の分野で、「志の高い仕事をしよう」というのが大きな目的だったのです。

ところが、「それではいかにも範囲が狭い。経営ばかりではなく、あらゆる分野で志高く生きる運動に発展させてはどうか」といった提案が会員諸氏から寄せられて、平成七年から、名称を『志ネットワーク』と変更すると共に、幅広く、各界各層の人たちに参加を呼びかけるようになりました。

◇期せずして、「次の時代の若者を育てよう」との声

『青年塾』の構想は、その『志ネットワーク活動』を進めていく中から生まれました。「我々だけではなく、次の時代を担う若い人たちにも、ぜひとも志高く生きてほしい。ついては、若い人たちに志を植え付けていくような学びの場をつくろうではないか」といった提案が生まれ、『青年塾』が誕生したのです。平成九年のことです。

第一期生は、四十人。当時は、株式会社イエローハットの箱根の保養所を研修の場とする「東クラス」と、同じく株式会社イエローハットの山口営業所の敷地内にある研修施設を研修の場とする西クラスに分かれて、研修を行いました。塾生の大半は、『青年塾』設立に賛同していただいた志ネットワーク会員の会社から派遣された人たちであったり、会員の子息や子女でした。

◇最初は東西二クラス、そして関西、東海、北クラスを順次設立

東西二つのクラスだけでは、参加するのに不便だとの声が出て、二期生の時に関西クラスを立ち上げて、全国を三つの地域に分けました。次に、東海地区の会員諸氏から、「単独でクラスが成り立つように私たちが塾生を集めるから、ぜひとも東海クラスをつくってほしい」との提案があり、四番目のクラスとして、東海クラスがスタートしました。北クラスは、もともと、採算を考えると、とても成立しないところでした。しかし、特に北海道の人たちが、自らの地域をよくしたいとの強い意欲を示されたので、「北海道百年の大計のために」と思い切って、立ち上げました。そして、現在の五クラス体制になったのです。

◇《志ネットワーク》は、『青年塾』の生みの親であり、育ての親

《志ネットワーク》は、『青年塾』の生みの親であり、そして育ての親でもあります。現在、志ネットワークの会員諸氏が、『青年塾』に参加する人たちの経済的負担が少しでも軽減されるようにと、友情基金を設けていただいています。この友情基金によって、無利息で年間の研修受講料を貸与したり、指導員の諸経費を負担してもらったりしている。まさに、育ての親でもあります。

入塾式、出発式、あるいは様々な講座に、《志ネットワーク》会員や会員の関係する会社の社員が参加されるのは、生みの親であり、育ての親である《志ネットワーク》会員としては、当然の権利であり、責務と受け止めていただいているからです。

◇『青年塾』は社会運動！　営利目的の事業ではない

以上のような設立の経過と今日までの歩みを見ていただいたら分かるように、『青年塾』は、「日本の未来をよくするために若い人を育てようという、《志ネットワーク》の会員諸氏の志から生まれたものです。ですから、基本的に、営利事業ではなく、社会運動です。年間の受講料を別にすれば、毎回の研修参加費用は、収支がほぼ同じになるようにしています。もちろん、毎回、ぴたっと同一とはいきません。年間を通じて、ほぼ収支が同一、すなわち利益なしに終わることを基本としていると考えてください。

また、北クラスについては、もともと収支が取れません。それを覚悟の上でスタートさせていますから、その分は、年間受講料から補塡しています。それ以外のクラスについても、塾生数が少ないとき、収支を合わせようとすると、参加費用が大変に高くなります。その分も、年間受講料から補塡しています。

なお、毎回の参加費用には、塾生諸君が負担していただく宿泊費や食費、会場費以外に、指導のために参加する私たち夫婦や指導員の人の費用も頭割りでご負担いただいています。指導する側の私たちも自腹を切れば、さらに参加費用を安くできるのですが、それでは、とても『青年塾』を継続できません。その間の事情は、ご理解いただきたく思います。

●今までに入塾した塾生の数

一期生	四〇人	二期生	六四人	三期生	七六人
四期生	九二人	五期生	七八人	六期生	九一人
七期生	九三人	八期生	八七人	九期生	八〇人

「青年塾」がめざすものは何か？

◇あなたの〝人間的魅力〟を高める場

『青年塾』は、塾生諸君の〝人間力〟を高めることを最大の目的としています。それでは、「人間力を高める」とはどういうことを意味するのでしょう。私は、〝人間力〟を〝人間的魅力〟と考えています。

つまり、『青年塾』に参加したあなたには、〝人間的魅力〟をしっかりと高めていただきたいのです。

◇〝人間的魅力〟のある人とは

〝人間的魅力〟のある人はどんな人でしょうか。あなたの周りを見回してみてください。「自分さえよければいい」「人の迷惑などまったく考えない」「人をも思わない」「夢がない」「けち」「こまかい」「傲慢」「偉そうなことばかりいう」「口ばかりで行動が伴わない」「人の言うことを聞かない」。そんな人が魅力的でしょうか。そんな人についていきたいと思うでしょうか。そんな人と結婚したいと思うでしょうか。そんな人と友達になりたいと思うでしょうか。そんなに人に仕えてみたいと思うでしょうか。そんな人にこの国を託したいと思うでしょうか。絶対に嫌です。

〝人間的魅力〟の一番の基本は、「周りの人たちを思いやる心」ではないでしょうか。自分の利益ばかりを考える人が嫌われる人だとすれば、周りの人たちの利益を、まるで自分のことのように考えられる人は、やはりみんなに尊敬され、好かれます。

私の言う〝人間力〟のある人、〝人間的魅力のある人〟です。

◇〝人間的魅力〟のある人が増えると、世の中がよくなる

〝人間的魅力〟のある人を増やしていけば、家庭がよくなり、地域がよくなり、社会がよくなり、日本がよくなり、世界がよくなります。裏返すならば、世の中をよくしようと思ったら、〝人間的魅力〟のある人を一人でも多く育てていくことが大切なのではないではないでしょうか。それが、『青年塾』の志であります。

あなたの〝人間的魅力〟が増していくならば、何よりも、家族が喜びます。喜ぶだけではなく、家族が幸せになります。あなたの人間的魅力が増していけ

ば、職場の人たちは一層やる気に燃えます。あなたの人間的魅力が増せば増すほど、それは大きな波紋となって、連鎖反応のように周りの人たちを喜ばせ、幸せにしていきます。すべては、あなたが自らの〝人間（魅）力〟を高めることからしか始めようがないのです。

仮にどんなに優秀な人でも、どんなに頭の切れる人でも、「あの人は人間的な魅力がまったくない」と言われたら、何をしても成功しません。逆に、多少頭が悪くても、多少器量が悪くても、「人間的にはすばらしい」と言われれば、道は必ず開けます。

まさに、〝人間的魅力〟を高めることは、幸せになり、物事がうまくいくための最も大事な前提であります。

◇〝人間的魅力〟の源泉は、他人への思いやりの心

それでは、人間的魅力とは何か。

私は、「他人に対する思いやりの心」こそが〝人間的魅力〟の源泉であると確信しています。裏返すならば、人を人とも思わない人、人を平気で傷つける人、人に迷惑をかけても何も感じない人。要するに、「自分さえよければ」としか考えられない人は、〝人間的魅力〟のない人であります。

そこで、『青年塾』では、あらゆる場面において、塾生諸君に、思いやりの心を求めていきます。ただ、心は目に見えません。「心は実践によって磨かれる」ものです。そこで、研修のあらゆる場面で具体的に、〝思いやりの実践〟をみんなで心掛けます。

この点は、『青年塾』が他の研修と大きく異なるところです。歩き方一つ、

話し方一つ、泊まり方、食べ方、靴の脱ぎ方、あなたのすべての行動において、〝思いやりの実践〟ができることをめざしてください。

◇まず他人に迷惑をかけない心掛けから

他人を思いやる心を養うことは、『青年塾』の学びの根本の一つです。しかし、その前の段階があります。それは人に迷惑をかけないこと。「他人を思いやる実践」の第一歩とも言えるかもしれません。

『青年塾』の課題には、締切日があります。締め切りを守ることは当たり前です。しかし、実はそれだけに留まらないのです。あなたが締め切りを守ることは、幹事役の人にとってどれほど助かることでしょう。人の役に立つ前に、人に迷惑をかけない。最低限それだけは、この一年間、みんなで心掛けましょう。講座に急に欠席しなければならなくなることもあるでしょう。そのときに、まず、「どうすればみんなに迷惑をかけないで済むだろうか」と考えられる人になってほしいのです。

宿舎に泊まったとき、深夜に大きな足音でどんどんと音を立てながら歩いたら、眠っている人たちが目を覚まします。静かに歩くこと、それも迷惑をかけない心掛けであります。人間、生きているだけでずいぶん人に迷惑をかけています。その迷惑を最低限度にしようと努力することは、〝思いやりの実践〟の入り口に立つことでもあります。

◇常に自ら反省して自己成長する人は〝人間的魅力〟のある人

物事がうまくいかないとき、すぐに周りのせい、他人のせいにする人がいます。そういう人がはたして魅力ある人でしょうか。物事がうまくいかないとき、常に自らを厳しく反省して、勇気をもって自らを改めることができる人は、やはり魅力的です。『青年塾』では、問題を感じたら、自らが解決のために行動を起こすことを求めます。「人のことをとやかく言うな。自ら、解決のために行動を起こせ」というわけです。

ゴミが落ちていれば、自分が拾う。『青年塾』では、「せめて私が」が、一つの合言葉です。「誰もやらないのであれば、せめて私がやりましょう」というわけです。世間では、「そんなことをしたら、損だ」と言います。しかし本当に損でしょうか。損と考える心の貧しさ、そんな人が魅力あるはずがありません。

◇自分の周りに対して関心を持つ人は〝心豊かな人〟

マザーテレサは、ノーベル平和賞を受賞した人です。インドのカルカッタを拠点として、路上に行き倒れている貧しい人たちに、せめて亡くなる前だけでも人間らしい生活をさせてあげたいと、〝死を待つ人の家〟をつくり、活動をしていた人です。まことに信仰心の深い人でした。

そのマザーテレサが日本に来たとき、「日本ほど物質的に豊かにもかかわらず、人々の心が貧しい国はない」と言いました。その理由は、「みんな、困っている人たちに対して、無関心だから」。隣の人、後ろの人、自分の周りにいる人たちに無関心であることは、心貧しい姿なのです。

『青年塾』は、他人に対して関心を持つ、周りに対して関心を持つことを心掛けます。まして、困っている人たち、苦しんでいる人たち、悲しんでいる人たちに関心を向け、「見逃すわけには行かない。何か力になれないか」と真剣に考えられる心豊かな人を育てます。心の豊かな人は、人間的魅力のある人なのです。

◇視野が広く、見識があり、夢のある人

『青年塾』で力を入れている学びの一つに、「時代を知り、歴史を知る」ことがあります。「自分さえよければ、目先さえよければそれでいい」といった考え方の人は、世間では〝けちなヤツ〟と嫌われます。それに対して、自分が生きている時代がどのような方向に向かって動いているのか、また、自分が生きている社会はどこから来たのかということに関心を持つ人は、おのずと、未来に対しても興味と関心を持ちます。そして未来に対して興味と関心を持つと、「私はこのようにしたい」といった夢が生まれてきます。

「先のことなどどうでもいい。人のことなど、どうでもいい」と考える人は、世の中の動きや歴史の流れにまったく関心を示しません。また、そんな人に将来の夢など聞いても、答えが返ってくるはずがありません。

夢多き人は、〝人間的魅力〟のある人です。

◇口よりも体を動かす人

「ここのトイレは汚いな。誰か掃除する人はいないのか」と口で言っているだけの人よりも、「ここのトイレは汚いから、私が掃除をしておこう」とすぐに腕まくりして、掃除をはじめる人は魅力的です。口を動かすよりも、手や足や体をいっぱいに使って、率先して行動できる人は、やはり魅力的です。

『青年塾』では、掃除と食事作りに力を入れています。人間、この二つがしっかりできるようになれば、地に足の着いた生き方ができるものです。命に良いものをしっかりと食べ、身の回りをきちんと整えることができれば、大きな意味で正しい生き方ができます。あれこれ難しいものや新しいものにばかり目を奪われることなく、率先して行動を起こせる人は、やはり魅力的です。

◇〝志の高い人〟は、人間的魅力のある人です

私の定義に従えば、野望とは、「自分の利益を追い求める心」。志とは、「みんなの利益を追い求める心」であります。

「みんなの利益を追い求める」と、他人のことに関心が向くのは当然です。他人に対する思いやりの行動ができるのも当然です。率先して、「私がやります」と言うことは、損なことではなく、ありがたいことです。

野望、すなわち自分の利益ばかりを追い求めていると、他人のことなど関心を持つはずもないし、他人のために一肌脱ぐことは、何の得にもならない、そんなことになってしまいます。

ここまで挙げてきたすべてを総称して、『志』と呼んでいます。志の高い人は、「みんなの利益を大きくしよう」と真剣に生きているのですから、他人か

ら〝魅力的〟だと言われるのは当たり前です。

『青年塾』は、〝志の高い人〟、すなわち、〝人間的魅力〟のある人を育てることを一番の目的としています。

『青年塾』ではどんな学びをするのか？

◇すべて、自分で段取りする（万事研修）

主体的に学ぶ。教えてもらうのではなく、自分で何かを摑む。その基本に立って、研修の段取りはすべて塾生諸君の手によって進めていただきます。それは自分たちの好きなようにすると言うのではありません。『青年塾』の趣旨にのっとり、どのようにすれば最も効果的で、目的にかなっているのかを考えて段取りするのです。だから、会場の手配、掃除、下調べ、計画作り、実行、反省、すべて学び、万事研修です。

『青年塾』は、塾生諸君が動かなければ何も動きません。「人に頼るのではなく、自分でやる」ことが基本です。誰かがやってくれているだろうということはありませんから、ご安心を。

◇課題研究の入念な準備が研修を充実させる

『青年塾』の研修の特徴の一つは、研修と研修の間に取り組んでいただく課題研究があることです。司馬遼太郎さんの大作『坂の上の雲』文庫本で全八巻を、一年間で読みきっていただきます。一回の研修では二冊分を読んできて、自分の一番気に入った箇所をみんなの前で朗読し、感想を述べていただきます。

また、時事用語、歴史用語について、クラスの中でチーム分けして、しっかりと事前研究して、研修のときに発表していただきます。発表の仕方も工夫して、芝居にするなり、聞いている人たちが分かりやすく、退屈しないようにしていただきます。この研究は、年々充実しています。また研究が充実すると、研修本番が盛り上がります。

◇掃除と食事作りをする

理屈や知識だけではなく、自らの体を使って積極的に学ぶ、実践の学びも大切にしています。

とりわけ大切にしているのは、掃除と食事作りです。どちらも、「そこまでやるか」の精神で究めていきます。

研修場所についても、食事作りのできる所が最優先になります。もちろん、食材の吟味や選択も、大切な学びの機会です。目的に即していかにあるべきかを考えるところからはじまります。

◇さまざまな体験を通じて学ぶ

体験を通じての学びは、〝心を育てる〟ことを目的としている『青年塾』においては、学びの大きな特徴の一つです。頭で考えるだけではなく、みずから「やってみる」。氷は触って初めて冷たさが実感でき、砂糖は舐《な》めてみて初めて甘さが分かります。実際に「やってみる」。鶏の解体、五十鈴川での水行、老人福祉施設での介護体験、植林など、先輩諸君は、「忘れられない経験」と、今も語り草になっています。

◇地域から、人から学ぶ

『青年塾』は、常設の研修会場をもちません。それは、地域から学び、地域に生きる人たちから学ぶためです。研修場所に選んでいる多くの場所は、そこに志が息づいているからです。

現地現場で、志を持って活躍している人たちから学ぶために、はるばる出かけて行きます。たとえば、館が森牧場、庄内、伊那食品工業、伊勢、串本、丹後、萩・下関、鹿児島、水俣など。これらの講座は、すべてクラスの人たち、志ネットワークの会員、『青年塾』先輩にも門戸を開いています。

◇歴史と時事問題について学ぶ

私たちは、現代という時代に生き、歴史の流れのなかに生きています。言葉をかえれば、私たちは、〝時代の子〟であり、〝歴史の子〟なのです。だから、時代を知り、歴史を知らなければ、自分の本当の姿がわからないとも言えます。

もちろん何も知らなくても、生きていけます。犬や猫は、時代を知らず、歴史も知りませんが、生きています。しかし、私たち人間は、自分のことをより良く知ることにより、より良く生きる可能性を持っているのです。「時代を知り、歴史を知り、自分を知る」ことを基本として、時代を知り、歴史を知る学びに力を入れます。なお、歴史については、日本の近代を中心に学びます。

●主な研修項目は次のとおりです

1　塾長の講話
2　塾生の近況の報告
3　時事用語の研究発表、ディベート（第一回のクラス別研修）
4　歴史用語の研究発表、ディベート（第二回のクラス別研修）
5　課題図書の朗読と感想発表（毎回）

6　演劇「米百俵」
7　掃除
8　食事作り
9　地域や地域に生きる人から学ぶ
10　講座の準備から運営全般、そして立ち居振舞い

●研修のための段取りについて

①会場の選定
基本的には前年度までの研修場所を尊重してください。

②スケジュールの決定
研修内容について、他クラスの参加者や志ネットワーク会員などの参加者に

案内するため、一か月前には必ずスケジュールを確定して、事務局へ連絡してください。事務局から、他クラス参加者などに連絡します。

なお、参加費用は、諸経費を加算する関係で、事務局で決定します。ただし、会費算定のための基礎数字を伝えてください。

③出席者の把握

研修のスケジュールをクラスの全員に徹底するとともに、メーリングリストで他クラスの人たちや先輩諸氏にも連絡してください。また、出席者と出席状況についても正確に把握してください。

志ネットワーク会員など、『青年塾』関係者以外の人たちの出席については、事務局で把握します。

④食事作りの食材購入

献立は、上甲美代子が指導します。その献立に従い、食材を事前に購入してください。

⑤掃除場所の選定

トイレ掃除を前提に、研修場所を選ぶ。また、トイレ掃除に必要な道具を手配し、持参する。

⑥会場設営

研修当日、塾生が自主運営できるよう、役割を決めるとともに、事前の会場設営などを行ってください。

⑦先輩との連携

すべての研修には、過去からの流れがあり、外部の方との人間関係もあります。事前に、先輩、とりわけ前年度のリーダーと十分に連携を取り、関係先に対する礼を失することのないように注意してください。また、前年度の反省事項を知り、同じ失敗を繰り返さないようにしてください。

⑧世話役の選任

入塾式のとき、第一回目の研修の世話役を互選してください。また、第一回研修のときに、年間の代表世話役と補佐する人を決めていただきます。私との連絡窓口は、代表世話役とします。

●研修の指導体制

指導全般　上甲　晃（塾長）
食事・生活指導　上甲美代子
研修指導　大森興治（北クラス、東クラス担当）
研修指導　金子一也（東海クラス、関西クラス、西クラス担当）
研究指導　谷田川　元
研究指導　桜井雅彦
研究指導　高橋　仁
事務局　河野麗子

※なお、先輩諸氏が、適宜、指導にあたることもあります。

※志ネットワーク会員諸氏に、各地での研修開催にあたり、指導も含めた協力をしていただきます。

事務局　　大阪府堺市南区若松台三の三の一七
常勤スタッフ　上甲　晃、上甲美代子、河野麗子
TEL　〇七二―二九一―〇五〇四
FAX　〇七二―二九一―〇五〇八
メール　jokoad1@poppy.ocn.ne.jp

食事作りと掃除研修の進め方

◇食事作りについて

①適切な厨房場所の確保

厨房は、食事作りの基本。団体食を作るためには、多くの人たちが安全に動き回れる作業のしやすさ、さらには食中毒防止などの観点から、事前に十分吟味して、選ばなければならない。適切な場所が確保できないときには、食事作りはしない（北クラス＝北海道新聞社研修センター、東クラス＝町田青少年センター、東海クラス＝刈谷青少年センター、知立青少年センター、関西クラス＝エンゼル協会国際研修センターは、現在までに実績のある適切な場所と考えられる。これからも、適切な厨房施設を見つけ出す努力をする）。

②厨房を磨き上げる

厨房は、衛生的であることが何よりも大切な条件である。厨房を使う前に、塾生全員で、掃除道具を準備して、隅から隅まで磨き上げ、美しくするところからはじめる。

③厨房の什器備品を正確に把握する

備え付けられている什器備品は何か、また持参しなければならない什器備品は何かを、具体的に把握する。あわせて、調理終了後、一つの間違いもないようにする。

④持参した箸や茶碗、お椀などは、自己管理
　持参した物が、間違いなく本人の手元に返るように、利用の都度確認するなど、間違いが絶対に起きない管理方法を講じる。

⑤食材の購入は全員で分担する
　献立に従い、誰が何を購入してくるのか分担を決める。それにより、分量や価格、産地など、食材の特徴を各自が知る。購入方法、購入場所、価格などは、研修場所や予算に応じて決める。研修地で生産されている特産物の有効利用も研究する。

⑥食材を全員で確認する
　全員が集合したところで、献立と共に、購入してきた食材を全員で確認する。その際、購入者は、自分の食材の特徴などを全員に説明する。また、献立に応

じて、食材の分類なども行う。

⑦料理作りは全員で行う

下準備と調理の担当を分けて、食事作りは原則として全員で行う。そのために、はじめる前に、献立の説明を十分に行うとともに、担当を明確にし、各自は自分の役割を正しく自覚するとともに、正しく、手際良く、段取り良く動くことを学ぶ。

⑧料理作りの感想を発表する

食事の前に献立を再確認するとともに、食事後は、それぞれの役割を果たすことを通じて得た感想を発表し合う。また、反省点をお互いにし合い、記録にとどめるとともに、次に生かす。

⑨ゴミの分別を徹底して行う

調理によって出たゴミを、徹底して細かく分類する。行政の基準に合わせるのでなく、『青年塾』独自の分別基準を策定して、それによって丁寧に、正確に分類する。

⑩厨房の掃除をする

調理で使わせていただいた厨房を、使うたびに、使う前よりも美しく磨き上げる。

今後、食事作りを行うためには、上記のそれぞれをきめ細かく実践していく。これはすなわち、「家に帰ればすぐに実行に移せる」生きた勉強である。そして、「地に足の着いた生き方を学ぶ」学びである。

◇掃除について

①まず、研修場所、宿泊場所を清める

掃除の基本は、足元をきれいにすること。そのために、研修のために使う場所、宿泊に使う場所の掃除は、すべてに先駆けて行う。

②掃除場所の選定

どこを掃除するかは、研修の一つの大事な課題である。事前に、どこを掃除するのかを慎重に検討するとともに、その場所に応じて、人数の割り当てや掃除用具の準備を入念に行う。

③はじまりと終わりのけじめをつける

掃除をはじめるとき、終わったときのけじめをしっかりとつける。はじめるときには、段取りの徹底、終わるときには、掃除を通じて感じたことや反省点、疑問点などを出し合う。

④掃除道具の手入れを入念に

掃除のときに使った道具類は、きちんと洗い・乾かすとともに、使う前よりもきれいにして戻す。また、道具類の数の確認、持参としたものと現地に据え置きのものとの混同が起きないように、チェックする。

食事作りや掃除の研修は、ともすれば安易に流れたり、惰性に陥ったり、軽視しがちです。だからこそ、『青年塾』では、まずこの二本柱を、研修の中心のカリキュラムとして重視します。

〈著者略歴〉
上甲　晃（じょうこう・あきら）
1941年大阪生まれ。1965年松下電器産業に入社する。1981年松下政経塾に転勤し、1995年10月まで同塾塾頭、常務理事・副塾長を務める。1996年4月松下電器産業を退社後、（有）志ネットワーク社設立。「志の高い国づくり」は日本人一人ひとりが志の高い生き方をすることから始まるとの考えに立ち、1997年「青年塾」を創設、現在に至る。本書は、その間、著者がネットで発信し続けた「デイリーメッセージ」の通算5000号達成を機に著したものである。著書に『志のみ持参』『続・志のみ持参』（以上・致知出版社）、『人間として一流をめざす』（モラロジー研究所）、『志は愛』『対談・気がついたらトップランナー』（共に燦葉出版社）などがある。

本書は平成17年1月29日に自由学園明日館（東京・目白）で開かれた「第1回松下幸之助翁に学ぶ会」での講演をもとに編集・構成したものです。

志を教える

平成十七年五月二十日第一刷発行
平成三十年五月十五日第七刷発行

著　者　上甲　晃
発行者　藤尾　秀昭
発行所　致知出版社
〒150-0001東京都渋谷区神宮前四の二十四の九
TEL（〇三）三七九六—二一一一
印刷　㈱ディグ　製本　難波製本
落丁・乱丁はお取り替え致します。　（検印廃止）

ISBN978-4-88474-714-5 C0095
ホームページ　http://www.chichi.co.jp
Eメール　books@chichi.co.jp